デザイン経営

鷲田祐一

有斐閣

はしがき

筆者とデザインとの「出会い」は案外古く、中学で美術部に入ったころである。筆者の画力は、プロになれるほどのレベルではなかったものの、田舎町の小学校・中学校で「絵のうまい子」という評価がもらえる程度には優れていた。また、ものごころついたころから紙工作が大好きで、デパートのおもちゃ売り場に通い、買ってもらえないおもちゃの形を目視で暗記して帰っては、紙工作で再現して楽しむという毎日を過ごしていた。自室には、厚紙でつくった妙な形の宇宙戦艦ヤマトやマジンガーZが、たくさん転がっていた。それが高じて小学生のときには町一番のプラモデル少年となり、模型店の店主とはすっかり顔なじみだった。父親が中学校の技術の教師だったこともあって、自宅には本格的な大工道具や工作材料が揃っていた。プラモデルづくりで何時間も自室にこもるわが子を見た母親が、シンナー中毒にならないかと本気で心配したほどである。

そんな子どもだったからか、中学の美術部では指導顧問の先生が気にかけてくれ、小遣いではとうてい買えないような油絵具やキャンバスを自由に使わせてもらった。こうした中で、デザインという概念も知ることになるのである。自然な成り行きで、高校・大学に進んだ後も、絵画・

彫刻・模型工作などを趣味で楽しんでいた。ただ、専門の先生にしっかり指導してもらった経験はほとんどなかったので、デザインや美術を専業にしようという発想にはいたらなかった。それでも、好きな美術やデザインの能力を活かしたいという思いは抱いており、そうした欲求と、社会に出てビジネスをしたいというバブル世代の大学生らしい欲求の交差点として、広告代理店への就職という一種の妥協策を講じた。一九九一年のことである。クリエイティブ職ではなかったが、他の会社に比べれば、日常的に美術やデザインと関係し、それらの業界の有力者が身近にいる職場だった。とくに経済産業省のデザイン政策、わけても当時始まったばかりのクールジャパン政策に関する調査事業に携わった経験は、今でも印象深く記憶している。

時は流れ、二〇一一年。筆者は母校である一橋大学に教員として転職し、マーケティング領域担当の准教授職を拝命した。このとき、最初に書いてみたいと思ったのが、デザインと企業経営に関する書籍だった。当時は類書が少なく、ほとんどをフィールドワークで構成することになったが、二年余りの取材や調査は本当に楽しく、あっという間に原稿を書き上げた記憶がある。そして非常に幸運なことに、その原稿は、本書と同じく有斐閣の藤田裕子氏・得地道代氏に取り上げていただき、『デザインがイノベーションを伝える――デザインの力を活かす新しい経営戦略の模索』（鷲田、二〇一四）として上梓することができた。

じつは本書は、この前作で自分自身が投げかけた多くの問いに対する、自分なりの回答でもある。執筆は苦戦を極めた。書くべきことは、前作執筆時とは比べものにならないほど豊富にあった。デザインに対する社会的な関心も、比べものにならないほど高まっている。それなのに、何をどう書けばよいのか、なかなか整理がつかない状態に陥ってしまった。思えば、学術の世界に転じて一〇年余り、筆者自身がいつの間にかデザイン産業の「中の人」になってしまったため、客観的に事実を眺めることができなくなっていたのだろう。助け船を出してくださったのは、今回も有斐閣の得地道代氏であった。複雑に絡み合った多数の知識群を一度、個々の部品にバラした上で、読者の目線になって、すべてを一から再構築してくださった。本当に、文字通り感謝の言葉もないとはこのことである。改めてここで御礼を申し上げたい。

こんな経緯で紡がれた本書の構成は、以下のようになっている。

まず第1章では、デザインという言葉をめぐる定義の移り変わりから、話を始める。この定義問題に関し、ある程度の共通理解が築かれないと、先に進めないからである。次に第2章では、大幅に意味が拡大されたデザインという概念と、近年マーケティング実務の世界で最も重要になっているユーザー体験という概念について、独自のデータを用いながら整理を試みる。マーケティングとデザインの交差というテーマは、とりわけ実務家にとっては日常的な問題なので、興味を持って読んでもらえるのではないかと思う。続く第3章は、本書前半の山場である。かなり普及してきた「デザイン思考」という発想法の一般的な内容紹介という形をとりつつ、なぜデザインが経営に貢献しうるのかを筆者なりの知識と提案を交えながら論じてみた。その次の第4章では、少し視点を変え、日本企業におけるデザイン軽視の歴史を論じた上で、その打開策として二〇一九年に実施された意匠法の改正について概説する。この説明を通じて、デザインを知財として捉える提案を試みている。続く第5章では、デザインの効果を測るための諸課題を述べている。解決にはいたっていない課題ばかりだが、学術・実務両面における後続研究に向けた滑走路になればという狙いである。第6章ではいよいよ、デザイン経営を中心的に論じ、その延長線上で人材育成についても取り上げる。最後に第7章では、デザイン経営の実現・推進のために避けては通れない情報産業の構造改革について、筆者の考えを述べる。

デザイン経営に関する予備知識をあまり持たない読者にも理解しやすいよう、全体を通じて構成や叙述を工夫したつもりである。デザイン経営に対し、漠然と関心を抱いている経営者、現場のリーダーや企画担当者、そして経営学やデザイン学の研究者・学生など、幅広い読者にお読みいただき、議論のきっかけにしてもらえれば幸いである。

なお、「デザイン経営」というキーワードを最初に生み出したのは、一橋大学大学院経営管理研究科の先輩・沼上幹教授である（おそらくご本人は覚えていないと思うが）。もちろん筆者自身がすでに前作で、このキーワードにつながるアイデアを複数提示しており、ご発言はそれを踏まえてくださった上でのものだったと思われる。筆者には、手が届くところまできていたアイデアを、端的な一言にする発想力が足りなかった。何かの会議で沼上教授がふと使われたその言葉が、その後、わが国のデザイン政策においても大きく注目されるキーワードへと飛躍し、本書のタイトルにもなった。必然だったのか、それとも偶然というべきか。この謎解きは、さらに次の一〇年を自分自身も走りながら、楽しみに待つこととしたい。

本書の執筆にあたっては、まず巻末の付録にご登場いただいた、株式会社GKデザイン機構代表取締役社長／CEOの田中一雄氏、ソニーグループ クリエイティブセンター長の長谷川豊氏と同センター リエゾンマネージャーの山内文子氏、パナソニック株式会社執行役員／デザイン本部長の臼井重雄氏、そして株式会社HAKUHODO DESIGN代表取締役社長の永井一史氏に、とくに感謝を申し上げたい。本論部分の執筆と並行して、これらのみなさんとディスカッションできたことは、筆者の考えを固めていく上でも非常に刺激になった。そこでのお話は、日本書に対する読者の理解をも助けてくれると思い、付録にエッセンスを収録することとした。日本のデザイン経営を牽引する諸氏の生の声から、その要諦を学び取ってもらえれば何よりである。

また、世界知的所有権機関（WIPO）日本事務所長の澤井智毅氏、経済産業研究所（RIETI）の西垣淳子氏、特許庁の外山雅暁氏からも、たくさんのご助言をいただいた。さらに、一橋大学データ・デザイン研究センターおよびデータ・デザイン・プログラムで日ごろからお世話になっている、島貫智行教授、七丈直弘教授、福田玄明准教授、吉岡（小林）徹講師、長谷部道子助手、スタッフの和氣由佳氏、肥後愛氏にも、この場を借りて深く御礼を申し上げたい。
最後に、いつも最も近くで最も手厳しく助言してくれる妻・恵理に、心から感謝する。

二〇二一年一一月

鷲田 祐一

目次

目　次

付録　日本のデザイン経営キーパーソン 197

第1章　デザインの定義と企業経営

デザインの定義とその拡がり

デザイン経営とは、いったい何なのか。言葉としては生まれて間もない、この経営スタイルは、多くの人の関心を引きつつも、まだまだ暗中模索の最中にあるというべきだろう。

デザイン経営とは何かを考える際に、そもそも「デザイン」という言葉がどのような範囲の事柄を意味するのかという、定義問題を避けて通ることはできない。英語の"design"という単語は、直訳では「設計」となる。しかし近代以降の日本では、主に機械工業や建築業の分野で図面を描いたり機構を考案したりする行為のことを、とくに「設計」と呼ぶようになり、この単語が包含しているそれ以外の要素を「図案」「意匠」、あるいはカタカナで「デザイン」と呼ぶ区別が定着してしまったようだ。そのため、他国と比較して、日本で「デザイン」というと、主に物品の色や形だけを意味する狭い用法が普及してしまっている。

このような、日本の近代における外来語の実際的な意味の変化については、研究文献などが豊富にあるわけではないので推測の域を出ない部分があるが、すでに明治中期の段階で工業を「実用品工業」と「美術工業」に分類する動きがあり、後になって、後者へいわゆるカタカナの「デザイン」という言葉があてはめられるようになったという経緯がある（藪、二〇一六）。美術工業というのは、もともとは江戸時代以前から国内にあった工芸品を輸出品目化するための再定義用語として開発された言葉である。一方、一八八八年に明治政府が発した勅令第八十五号の中で、英語“design”の対訳語に「意匠」という言葉が正式に充てられた。そして明治中期になると、美術工業品（工芸品）の作成にかかわる職人たち（工匠）に、西洋の市場でも通用するような美術的視点が不足しているという問題が指摘されるようになり、美術工業に意匠を導入しようという運動が高まったのである（樋口、二〇一六）。

こうして二語が接近したことで、意匠については、美術的視点に関する意味が強調されるようになっていったものと推察される。他方、この間、産業革命以降に目覚ましく発展した機械文明をベースに発達を続けた実用品工業に対して意匠の重要性が叫ばれることはほとんどなく、結果として、語源である“design”に含まれていた設計の側面は、「意匠」という訳語から徐々に分離・欠落していったのではないか。実際、現代において意匠法を管轄する経済産業省・特許庁の文書の中でも、「意匠は、物品のより美しい外観、使ってより使い心地のよい外観を探求するもの」と表現されている。

上述した、明治中期から大正期の日本における美術工業と意匠の接近は、同時期にイギリスで巻き起こっていたアーツ・アンド・クラフツ運動に影響を受けていたと思われる。しかし藪（二〇一六）の丹念な文献研究によれば、日本の美術工業はアーツ・アンド・クラフツ運動のようにすべての機械文明を忌み嫌うといった方向には向かわず、むしろドイツにおける近代美術工業の流れを汲んだものへと進化していったという。このような経緯は、意匠、つまり現在のデザインが、それ自体として発展するための盤石な礎になったといえるが、それゆえにかえって、美術工業を実用品工業から引き離してしまう結果をもたらしたのではないかと、筆者は考えている。

これらの解釈を総合すると、以下のようにいえるだろう。明治初期に輸入された概念“design”は、美術工業のための意匠と、実用品工業のための設計という、二つの日本語に訳された。やがて、ドイツ近代美術工業の影響を汲んで、前者だけが「デザイン」というカタカナに変化して現在の普及を果たす。後者の設計は、カタカナ「デザイン」に合流することなく、現在の機械設計の世界に残されてしまった。

ちなみに中国語でも、“design”は「設計」と訳されているが、日本のような意味の分断化が発生しているようには見えない。機械や建築の設計と、物品の色や形を工夫する設計は、とくに区別されていないようである。

さて、日本のデザインをめぐる大きな問題は、以上に述べてきたような明治以降の言葉の分化にともなう意味の狭まりによって、それが指し示すビジネスまでもが狭められてきてしまったという事実であろう。つまり、「デザイナー」はもっぱら物品の色や形を工夫する職人であるという意識が定着してしまっているため、「デザイン経営」という言葉を聞いたときに、「なぜそのような職人が企業経営をするのか」という大きな違和感が生まれやすいということである。

しかし、最近は日本でも、デザインをもともとの意味にまで再拡張し、機械や建築の設計を包含するように解釈し直す動きが始まっている。そうすることで、デザイン経営が何を意味するのかも、素直に理解しやすくなるだろう。このような、広義にデザインを定義する動きが拡がっていくことは、日本でデザイン経営が普及するための重要な前提条件になると思われる。

さらに、企業経営そのものが一種のデザインであるという新しい考え方を提唱する人も、徐々に増えてきている。とくに新進のＩＴベンチャー企業などでは、自社のサービスをデザインすること自体が、企業戦略そのものであるという場合がある。情報技術がさらに飛躍的に普及していけば、この第三の広い解釈も一般化していくかもしれない。

デザインの三段階定義

図1-1は、「日経テレコン」に収録されているすべての新聞・雑誌に、「デザイン」というキ

図1－1 「デザイン」キーワード出現数推移

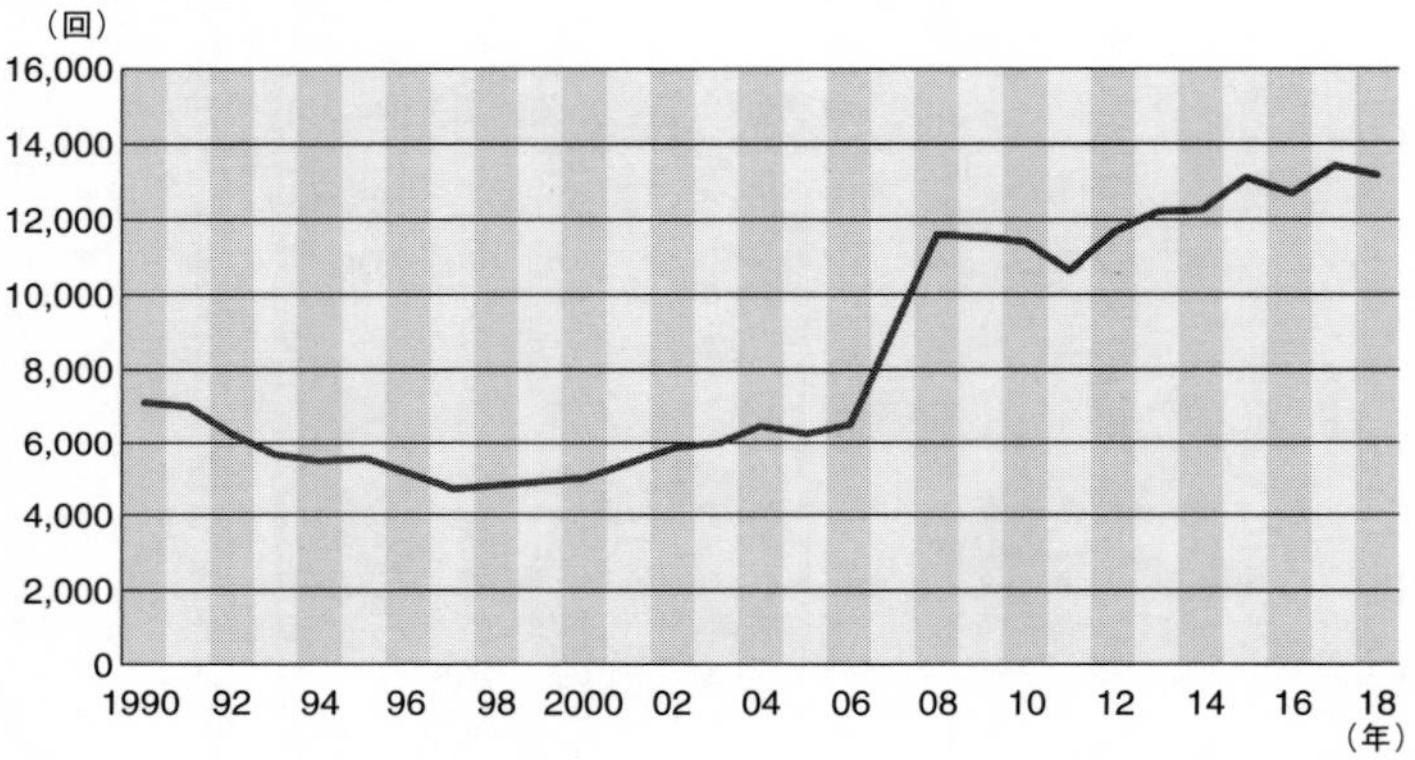

出典：「日経テレコン」より筆者作成

ーワードが登場した回数を、年ごとに集計したグラフである。これを見ると、二〇〇七年以降、「デザイン」というキーワードの出現数が、それまでの二倍程度に増加していることがわかる。これは、いわゆる「デザイン思考」の流行による現象と思われる。最近でも増加傾向は続いており、デザインという言葉が確実に、日本のビジネスシーンにかつてないレベルで浸透してきていることが確認できる。

キーワードとしての浸透に合わせて、前述のように、デザインの意味を再拡張しようという動きも顕在化してきている。図1-2は、そのように意味を再拡大する手がかりとすべく、経済産業省が主催した研究会で提案された、三段階からなるデザインの定義である（経済産業省、二〇一七）。最も内側の枠は、狭義のデザインを表す。従来

図１－２　デザインの定義

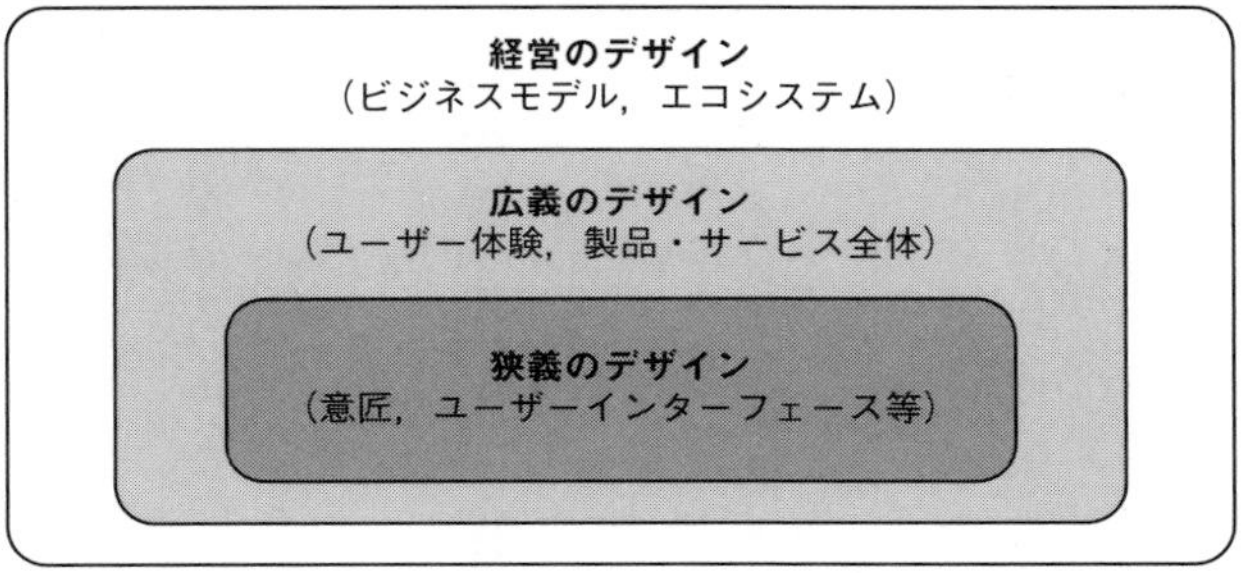

注：（　）内はデザインの対象
出典：経済産業省（2017）

的な意味でのデザイン、つまり色や形のことを指す。ユーザーインターフェースも、ここに含まれる。ソフトウェアやサービス産業において、ユーザーインターフェースは、もはや色や形と同義だという考え方である。

二番目の枠は、広義のデザインを表す。前項でも述べたように、ここには、技術的要素、いわゆる設計というdesignのもともとの意味への回帰も含まれる。さらには、そうした技術的な設計を超えて、マーケティング的な意味の設計、すなわちユーザー体験（user experience，以下ＵＸ）のデザインも含まれている。このＵＸのデザインは、かなり複雑な概念なので、次章で詳しく取り上げる。

そして最後、三番目の枠として、いま述べた広義のデザインの外側に、designのもともとの意味を大きく超えて、経営そのものをデザインする行為を指す、「経営のデザイン」が提案されている。たとえば、新しいビジネスモデルやビジネスエコシステム、あるいは企業組織をもデザインの対象とすることを目的に、設定された定義である。ここまでくると、まさに「デザイン経営」が射程に入ってくるといえるが、狭義のデザインを中心に考えている人から見ると、「もはやデザインとはいえない」ほどに拡大された定義かもしれない。

デザインの定義の広さと企業経営

前項で見たように幅のある「デザイン」という言葉の意味を、広義に捉える企業と、狭義に捉える企業とでは、経営における重視点や実績そのものにかなり差のあることが、政府の調査によってわかっている。経済産業省（二〇一七）は、「デザイン」に関心の高い企業とそうでない企業との比較を目的としていたため、調査の最初に「あなたの企業における『デザイン』の定義は、図1-2のどれに最も近いですか」と質問した上で、サンプルを集めている。したがって、狭義／広義／経営という三分類それぞれについてのサンプルサイズは、実社会における分布を代表していないことには留意が必要である（回収サンプル一〇二社）。

図１－３　新製品・サービス設計において重視する項目

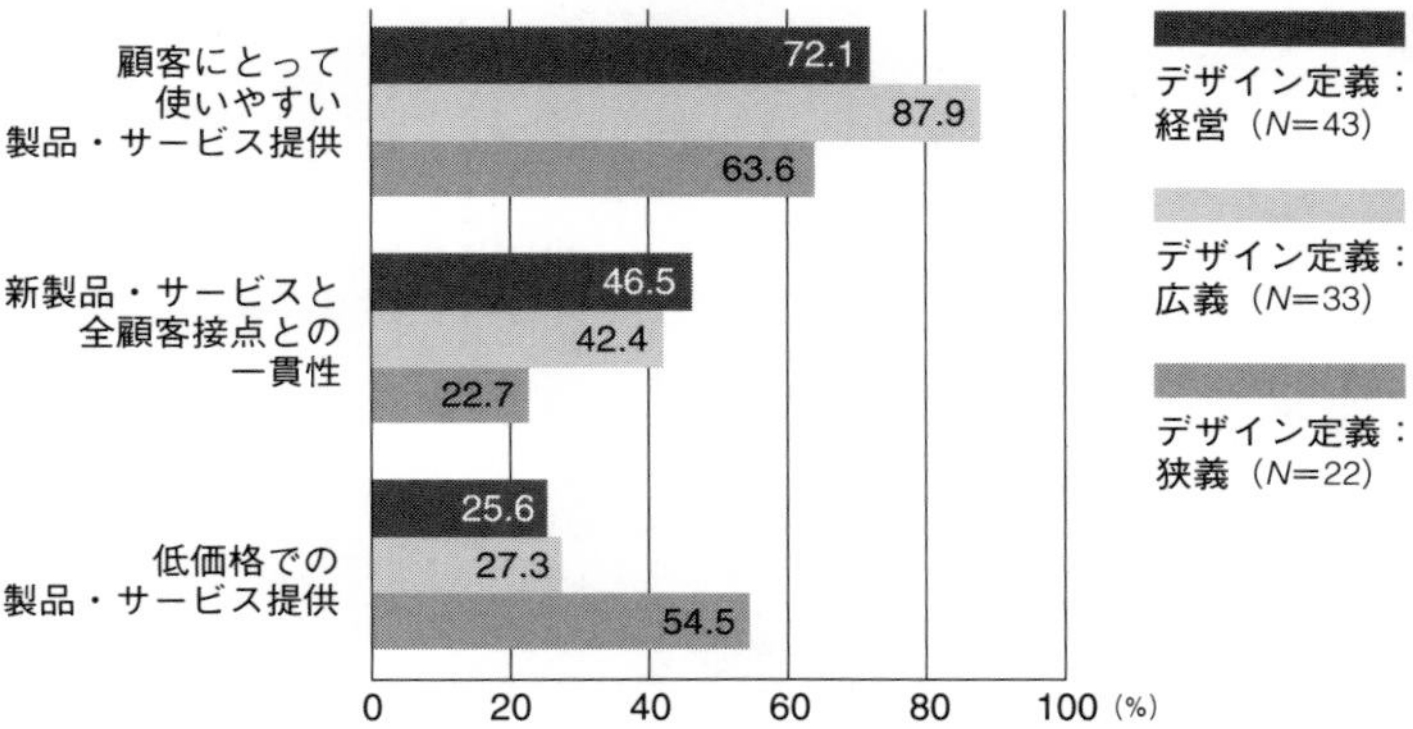

出典：経済産業省（2017）より作成

まず、図1－3に示すように、「自社の新製品・サービスを設計する際の重視点は何か」という質問（複数選択肢式）をめぐっては、「顧客にとって使いやすい製品・サービス提供」を選択した割合が、デザインを広義に捉えている企業では八七・九％だったのに対し、デザインを狭義に捉えている企業では六三・六％であった。一方、「低価格での製品・サービスの提供」を選択した割合は、デザインを広義に捉えている企業が二七・三％であったのに対し、狭義に捉えている企業では五四・五％にものぼった。つまり、デザインを広義に捉えている企業のほうが、低価格よりも、顧客にとっての使いやすさを重視している、さらにいえば前述したUXの充実を自社の競争力と考えているのに対し、デザインを狭義に捉えている企業は、低価格で競争するしか自社には手立てがないと考えていると解釈できる。低価格は、表面的には消費者にメリットをもたらす面があるものの、同時に低付加価値での競争をしているに過ぎないという側面もあり、付加価値を生み出すデザインの力を見出せていない証拠ともいえる。

この質問に関しては、デザインを最も広く、「経営」と定義している企業の回答結果にも、興味深い傾向が見られた。「顧客にとって使いやすい製品・サービス提供」という選択肢について、広義の企業には及ばなかったものの、七二・一％という高い回答結果を示したのに加え、「新製品・サービスと全顧客接点との一貫性」という選択肢に対して四六・五％と、最も高い結果を示した。ここから、デザイン経営と企業ブランディングとの関連の深さを窺うことができる。

次に、図1-4に、直近五年間の営業利益の平均増加率を尋ねた結果を示した。デザインを広義に捉えている企業では、六％以上の成長を見た割合が四一・九％にのぼったのに対し、狭義に捉えている企業では二五・〇％にとどまっていた。前図の結果とも併せて考えると、デザインを広義に捉える企業のほうが、高付加価値な製品・サービスを提供して高い成長率を上げている姿が浮かび上がってくる。

これと同様の結果は、海外企業に関する統計データに、より明確に現れている。本書後半で言及することになる「『デザイン経営』宣言」（経済産業省・特許庁、二〇一八）によれば、アメリカのS&Pダウ・ジョーンズ・インデックスが算出・公表している代表的な株価指数S&P500と、

図1－4　直近5年間の平均営業利益増加率

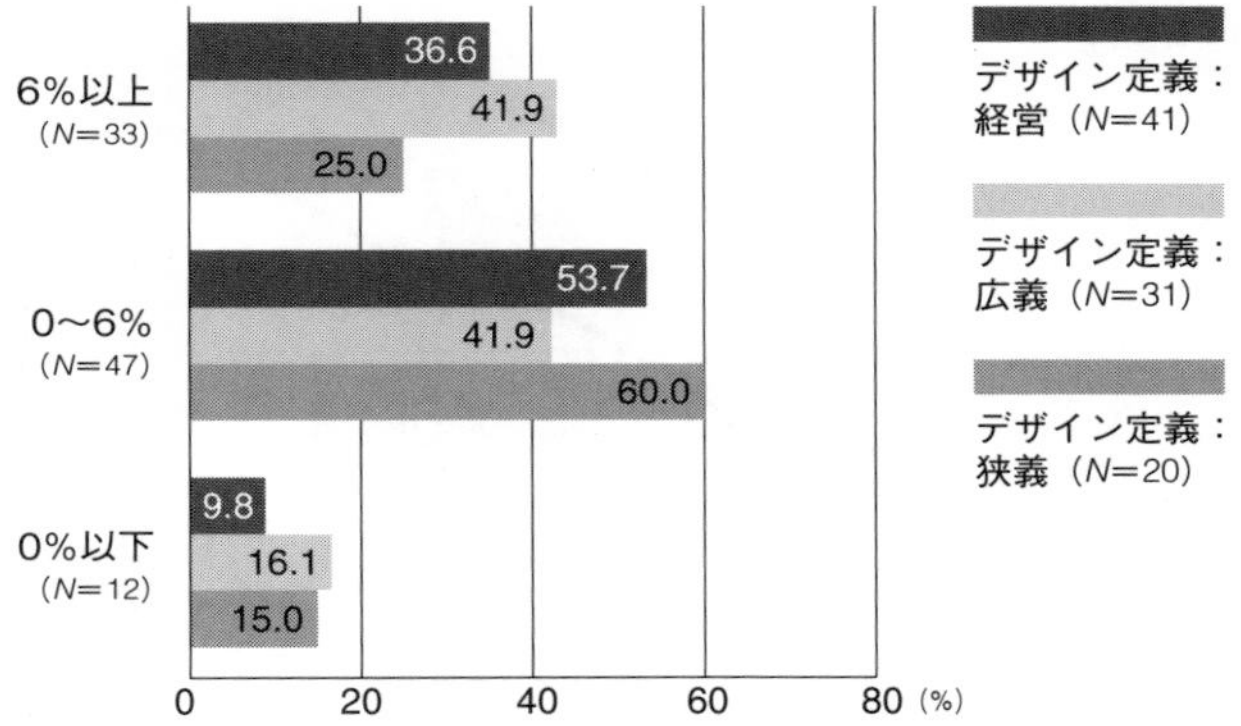

出典：経済産業省（2017）より作成

その中でデザインを重視している企業の株価成長率とを比較したところ、じつに一〇年で二・一倍もの差が確認されたという（図1-5）。

これらのことから、デザインを広義に捉え重視している企業が、そうでない企業よりも高い成長率を示していることは、どうやら真実のように思われるが、この現象については、いわゆるニワトリとタマゴの関係にあるのではないかとの見解もある。つまり、高い成長率を実現し高収益を上げている企業のほうが、経営に余裕があるので結果的にデザインにも手厚いのではないか、という解釈も可能だということである。たしかに、デザインを重視することと企業の成長性との間の因果関係は、現段階では完全に明らかになってはいない。しかし、デザインを広義に捉える企業のほうが、「よいデザイン」を実現するための経営資源をも

図1－5　デザイン重視企業の株価成長率

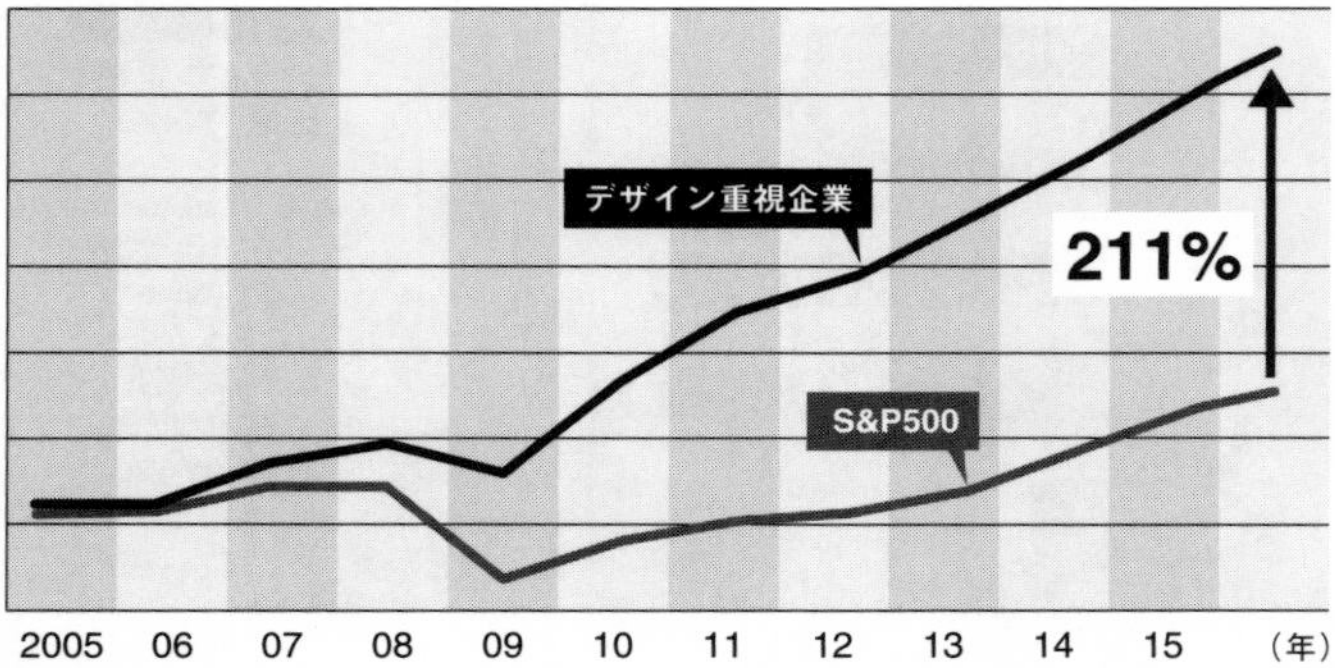

出典：経済産業省・特許庁（2018）より作成

広く捉えている可能性が高く、その結果、資源の投入量が全体として多くなれば、高成長につながりやすいのではないだろうか。そうであるならば、デザインが原因、成長が結果、とするほうが自然であると考えられる。

なお、前出の経済産業省（二〇一七）には、「デザイン人材に求めるスキル項目」を尋ねた質問もある（複数選択肢式）。結果を示した図1-6によると、デザインを広義に捉えている企業では、デザイナーに「マーケティングの知識・スキル」「IT・ウェブに関する知識・スキル」などを期待する回答が非常に高く、いわゆるデザイン業務以外の要素についても、デザイナーに多様な期待を寄せていることがわかる。一方、デザインを狭義に捉えている企業では、デザイナーに対して従来的なデザイン業務以外のことはあまり期待しておらず、両者間の違いは明

図１－６　デザイン人材に求めるスキル項目

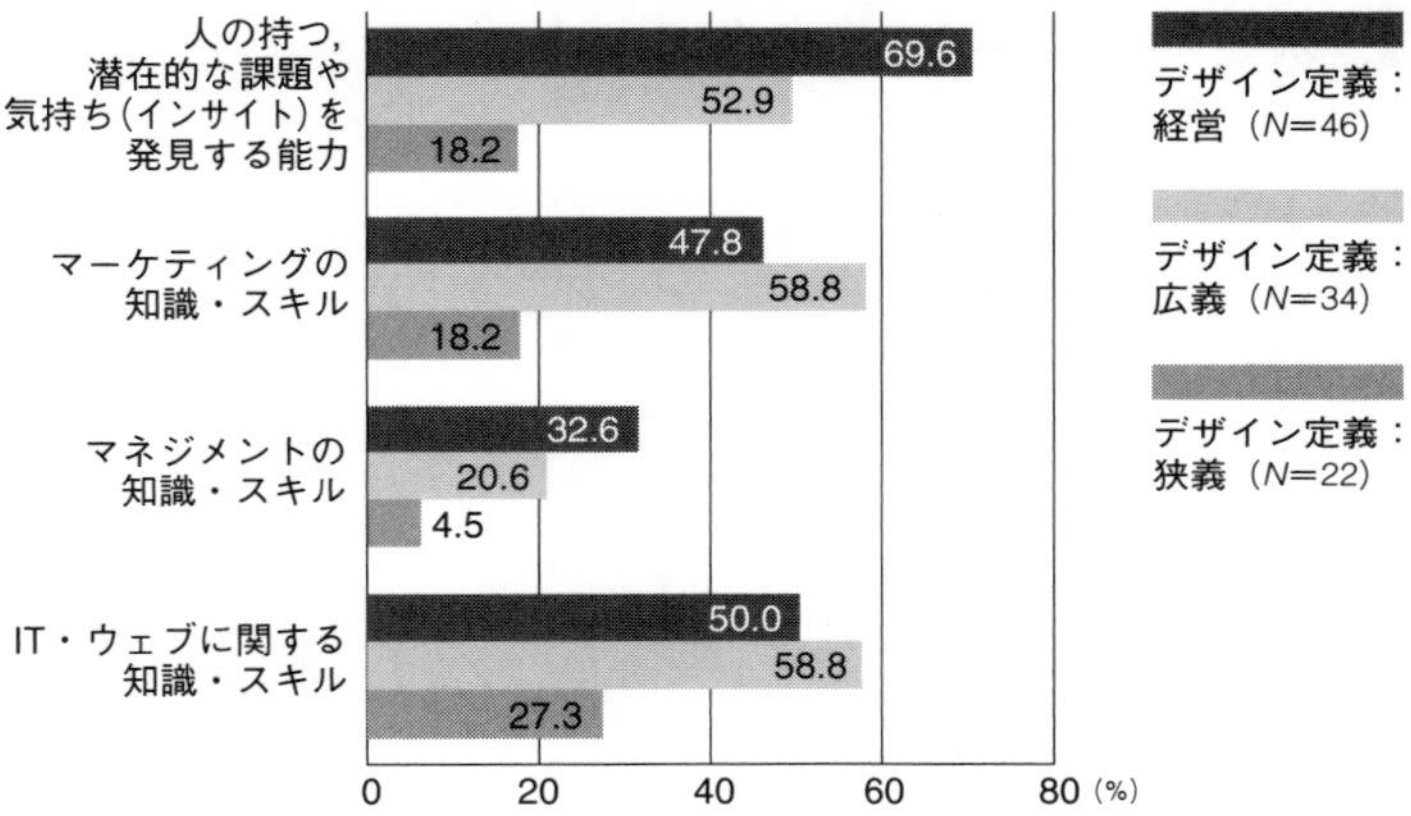

出典：経済産業省（2017）より作成

瞭である。

　このように、デザインの捉え方によって、企業経営における重視点や実績までもが大きく異なってくるというのは、非常に興味深いポイントである。デザインという要素が、企業経営全体にかなりの影響を与えていることの証拠といえるのではないだろうか。

　日本の大企業は、発達したインハウスデザイナー制度を有し、多数のデザイナーを社員として雇用している。ところが最近、ＩＣＴの普及と相俟って、そのようなインハウスデザイナーの日常業務が大きく変化しつつある。製品数自体が減少していることもあり、かつて大ヒット商品をデザインしてきたベテランデザイナーが、マーケティングやウェブデザインなどの仕事に携わることが増えている。

とくに、以前は携帯電話やスマートフォンを何種類も製造していた日本のメーカーには、個性的な端末デザインを生み出したデザイナーたちがいたわけだが、彼らが所属した企業の多くはその後、世界的な競争に敗れて携帯電話事業自体から撤退を余儀なくされてしまった。そこでデザイナーたちは、スマートフォンでの経験を活かす形でスマホアプリの画面デザインの仕事に回されるなどしたが、やがてはそれもなくなり、取扱説明書や広告宣伝材料のデザインへと移っていかざるをえなくなったという。また、デザイン部自体を、マーケティング部門や広告宣伝部門、あるいは営業部門と合併させたり、別会社にしたり、さらには大幅に人員規模を縮小したりした企業もあった。苦境の中、独立してフリーランスになったり、デザイナー以外の道へ転換したりした人もいた。

しかし、そうした逆風のもとでも、デザインを広義に捉え、デザイン人材の新しい可能性を積極的に見出すことに成功している企業が散見されるのである。デザイン部に、一種の社内コンサルティング部隊のような新しい役割を付与したり、むしろ積極的に広告宣伝の仕事にかかわる役割を与えてブランディングを強化する機能を期待したりする、といった例が見られ始めている。

これに対し、デザインを狭義に捉えている企業では、結局はデザイナーを飼い殺し状態にし、やがてはデザイン業務自体をコスト削減の対象にしていってしまう危険性が高い。一般に、このような企業の経営者は、デザインを経営資源として活用しようという意識が低く、反対にデザイナー側にも、自分がビジネスを牽引するリーダーだという意識が薄い（鷲田、二〇一四）。

このように、デザインという言葉の定義を広く捉えることと、企業経営の中でのデザイン（あるいはデザイナー）の活用度との間には、一定の比例的な関係が見られ、かつデザインの活用度が高い企業のほうが成長率が高い傾向にあるという事実は、デザイン経営という経営スタイルの本質を理解する上で、非常に重要な出発点になる。次章以降で、このような拡大された「デザイン」の具体的な姿を、順を追って検証・探求していこう。

第2章　広義のデザインとユーザー体験

UXとデザイン

前章で説明した、三段階のデザイン定義における二番目、すなわち広義のデザインの中で、最も重要な要素の一つが、ユーザー体験（以下、UX）のデザインである。UXとは、ユーザーが当該製品・サービスに接する際に発生する、すべての体験を指す。それをデザインするには、デザイナーがユーザーの視点でその製品・サービスを見つめ直し、ユーザーに共感する（もっといえばデザイナー自身も当事者としてユーザーになる）ことが必要になる。

UXは、もともとはコンピュータ科学研究から生まれてきた言葉である（Fleming, 1998）。その後、著名な認知科学者であるドナルド・ノーマンなどが人工物のデザイン全般に対して意味を拡張し（Norman and Ortony, 2003）、黒須正明らの活躍によって工学全般に対する「人間中心設計」（human-centered design）という概念へとまとめられていった（Lewis and Sauro, 2009）。

さらに最近は、UXというと、マーケティング分野の概念という印象が強まってきている。Lemon and Verhoef（2016）による「カスタマージャーニー」の概念図に端的に示されているように（図2-1）、コンピュータあるいはモノのみならず、あらゆる商品の「ユーザー」、つまり

図2-1　カスタマージャーニー

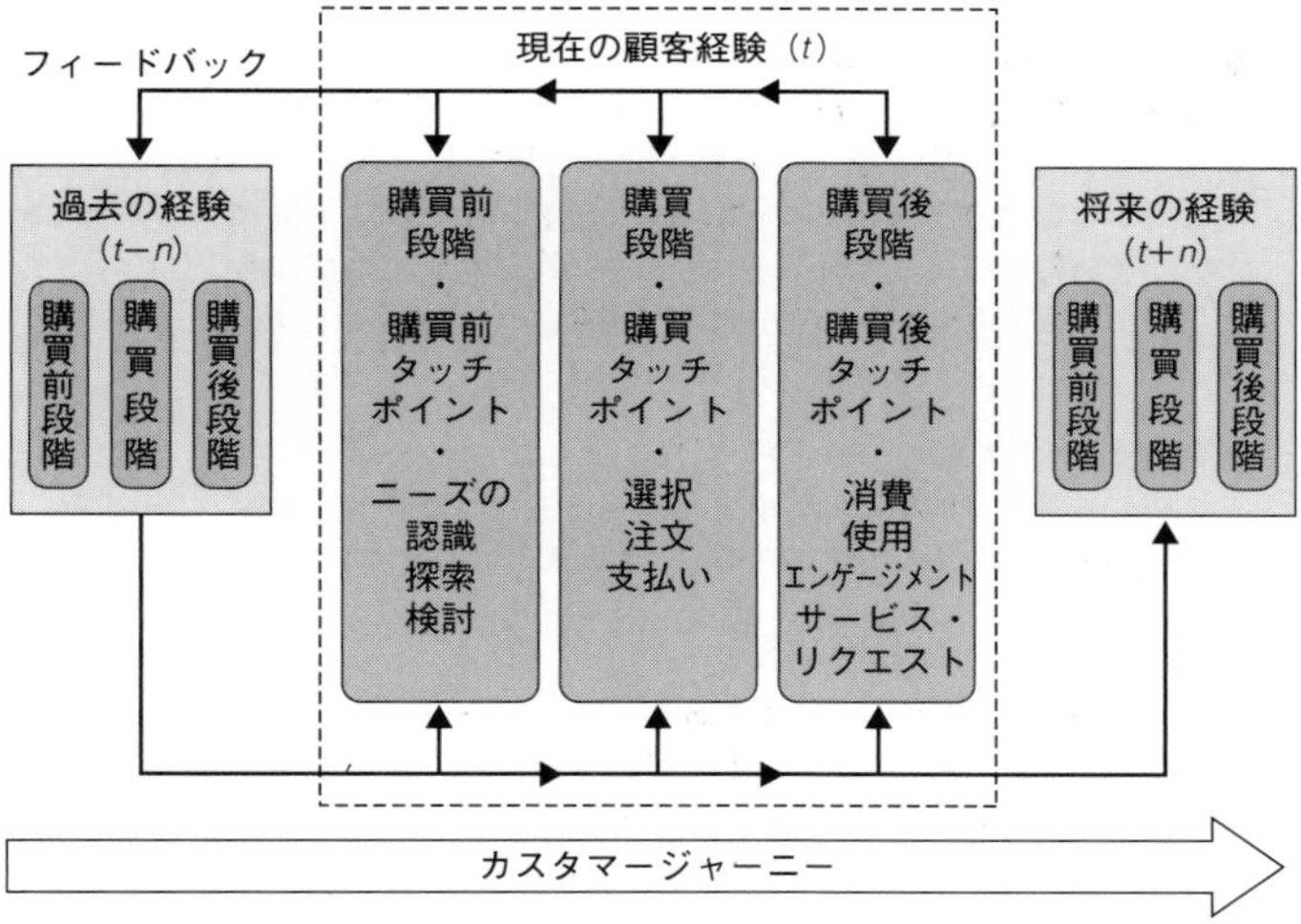

出典：Lemon and Verhoef（2016）より作成

「カスタマー」の体験へと援用され、加えて、一回の購買や使用にとどまらない長期にわたる企業と顧客の関係性のデザインを考える際の、中心的な要素として組み込まれるようになったからである。こうした長期にわたる供給側と需要側の関係を、デザインが橋渡しするという考え方は、技術経営や産業組織論の分野に以前からあったドミナントデザイン論（Utterback and Suárez, 1993）とも整合的であったため、二〇一〇年代以降は「デザインが主導してUXを形成することで、技術革新を市場に普及させ、結果的にイノベーションが創造されうる」という考え方が、経営学でも徐々に存在感を増

表２−１　UX とデザインに関する調査

本問（購入・利用経験のある人のみ）
あなたが○○を購入・利用するにあたって，「A：購入・利用をする１カ月以上前」「B：実際に購入・利用をする１カ月前から購入・利用した直前まで」「C：実際に購入・利用をしたとき」「D：購入・利用をした後」の４つの時期に分けた場合，それぞれの時期で，あなたがお感じになったことを，それぞれ０から 100 の数字（整数）でお答えください。

▶ **質問１**：○○購入の「楽しさ」について
その○○を購入・利用するにあたって味わった「楽しさ」を数字で表すと，どんな割合でしたか。合計が 100 になるように，０から 100 の数字（整数）でお答えください。

A：購入・利用をする１カ月以上前 ―――――――――――（　　　　）
B：実際に購入・利用をする１カ月前から
　購入・利用した直前まで ――――――――――――――（　　　　）
C：実際に購入・利用をしたとき ――――――――――――（　　　　）
D：購入・利用をした後 ―――――――――――――――（　　　　）

（合計が 100 になるように）

▶ **質問２**：○○購入の「情報収集」について
その○○を購入・利用するにあたって得た「関連情報や周辺情報の量」を数字で表すと，どんな割合でしたか。合計が 10 になるように，０から 100 の数字（整数）でお答えください。

A：購入・利用をする１カ月以上前 ―――――――――――（　　　　）
B：実際に購入・利用をする１カ月前から
　購入・利用した直前まで ――――――――――――――（　　　　）
C：実際に購入・利用をしたとき ――――――――――――（　　　　）
D：購入・利用をした後 ―――――――――――――――（　　　　）

（合計が 100 になるように）

図２−２　購入をめぐる楽しさの推移（製品・サービス別）

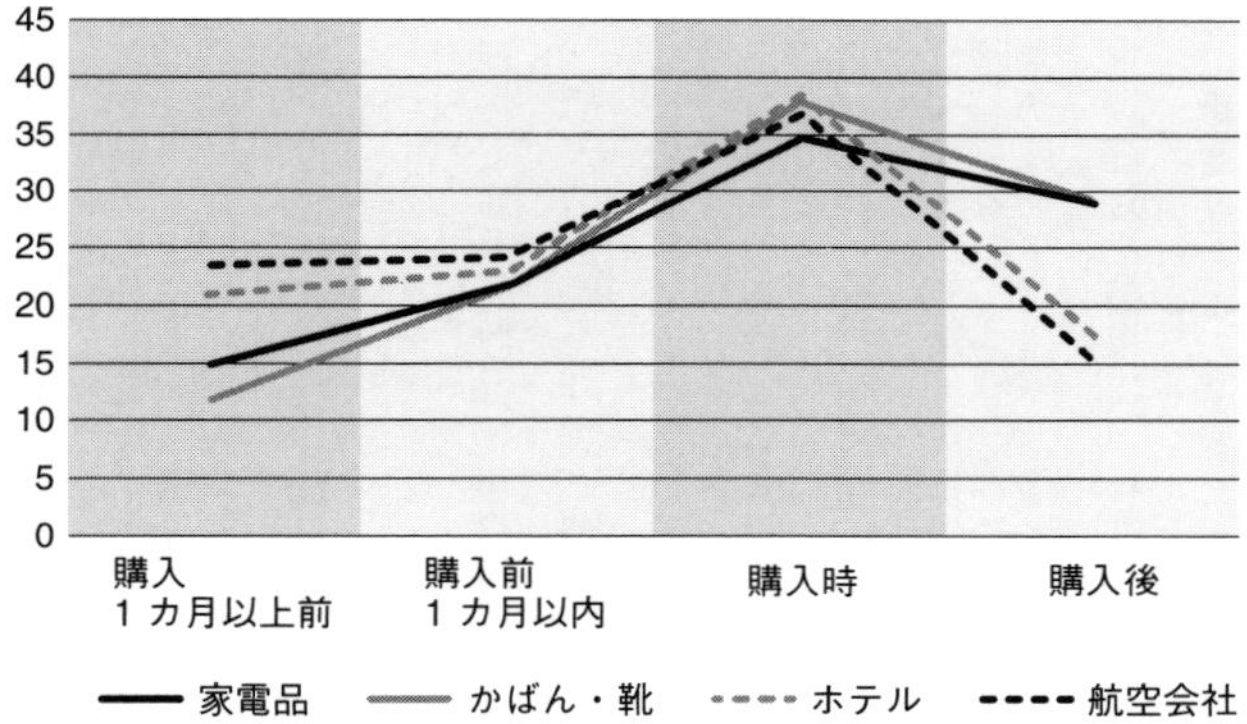

してきている。

これらの先行研究を参考に、筆者は今回、UXとデザインについて、独自視点での調査を実施した。質問は、表2-1に示したように、やや複雑である。

この調査では、Lemon and Verhoef (2016) のフレームワークにならって、主に時系列的な視点で見たUXに着目した。ユーザーが、ある製品・サービスを実際に購入する一カ月以上前、購入前一カ月以内、購入時、そして購入後、という四段階の各時点に、その製品・サービスの購入に関する「楽しさ」をどのくらい感じていたかを、全体が一〇〇になるように数値で表してもらっている。対象となる製品・サービスは「家電品」「かばん・靴」「ホテル」「航空会社」の四種類、調査対象者は全国の一般消費者一〇七三名である。

図2-2に、四種の製品・サービスそれぞれの購

入をめぐる楽しさの推移を示した。ここで、まず気づかされるのは、購入するとき以外にも、消費者は楽しさを感じているということである。これは、いわゆる従来的なマーケティングでは、ほとんど問題にされてこなかった点である。顧客との接点を、購買時のタッチポイントだけでなく、時系列上で面的に拡大することが、きわめて重要だということを再認識させられる。

次に気づかされるのは、物品（家電品、かばん・靴）とサービス（ホテル、航空会社）では、時系列上の楽しさの分布が大きく異なるという点である。どちらも購入時に楽しさが頂点に達しているのは同じだが、物品の場合は購入後にも楽しさが続くという特徴がある。反対にサービスの場合は、購入前のかなり長い時間にわたって楽しさを感じていることが確認される。購入一カ月以上前にも楽しさ全体の二〇％程度、購入前一カ月以内にも同じく二〇％程度の楽しさを感じており、二つを合わせれば購入時とほぼ同程度にもなる。つまり、ホテルや航空会社の顧客は、実際の購入（利用）にいたる前に、すでに楽しさの相当部分を消費しているということだ。また、これらについては、購入後には、案外楽しさがすぐに消失しているという点も重要である。従来のマーケティングでは、サービス分野におけるアフターサービスに重きが置かれてきたが、ここでUXを調査した結果によれば、アフターサービスはそれほど重要ではない可能性も考えられる。

UXで重要なのは、楽しさだけではない。同様に重要な行動として、購入に関する「情報収集」がある。そこで図2-3に、まったく同じフレームワークで購入をめぐる情報収集に関する

図２－３　購入をめぐる情報収集の推移（製品・サービス別）

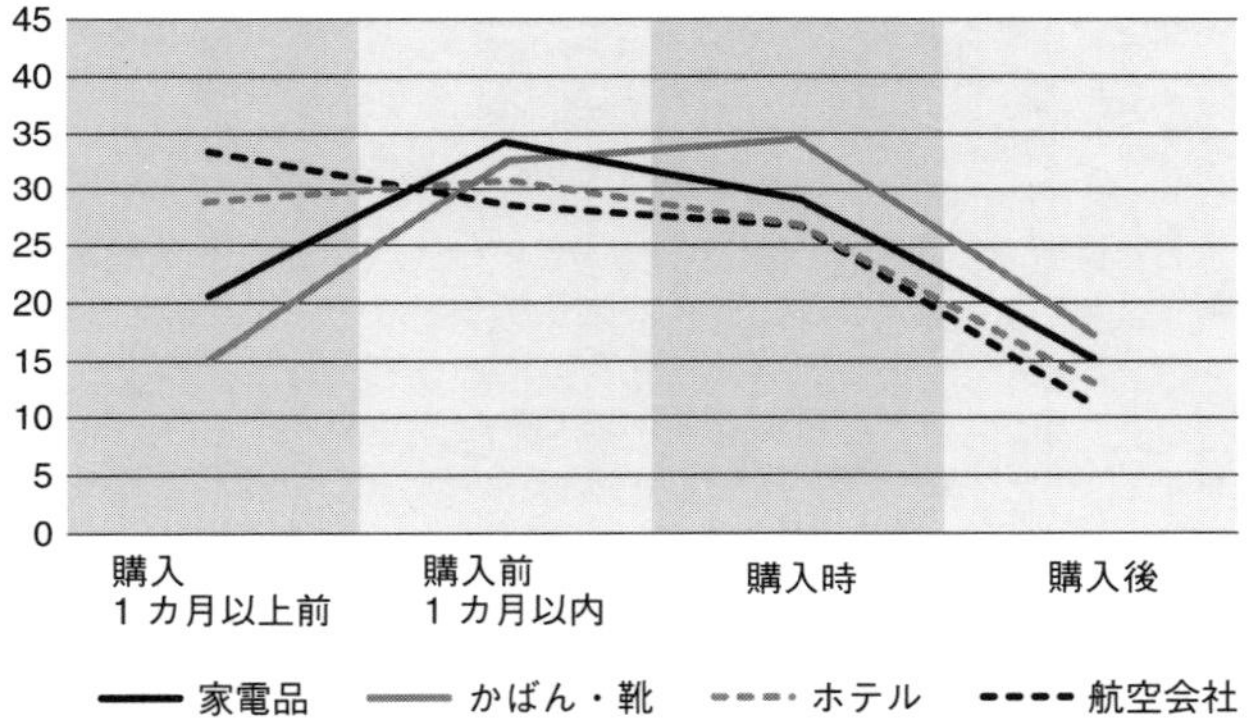

ＵＸについて質問した結果を示した。前出の図２－２と比較してみると、相当な違いのあることが確認できる。時系列上で楽しさ体験と情報収集体験の分布は、大きく異なっているのである。情報収集は全体に、購入より前の時点にかなりの割合が割かれている。購入一カ月以上前と購入前一カ月以内の合計が、いずれの製品・サービスでも全体の五〇％を超えているのに対し、購入時は二五～三五％に過ぎない。インターネットやＳＮＳが普及した現代において、ＵＸは完全に、購入前のかなり長い期間の情報戦に中心があり、購入時の店舗などは重要度が比較的低いといえそうである。

物品とサービスの違いも興味深い。物品は購入前一カ月以内から急に情報収集が高まり、購入と同時にほぼ完結するというパターンを示しているが、サービスの場合は購入一カ月以上前から積極的な情報収集を始めている。しかもサービスは、ほぼ一貫して右肩下がりのパターンを描く。サービスに関して購入時は、すでに情報収集のほぼ終局といっても過言ではないかもしれない。

ここでようやく、UXとデザインの問題に話を戻そう。図2-4と図2-5は、同じ調査の回答者を、自身のデザインに対する興味・関心・能力の高さによって四グループに分類した上で、クロス集計した結果である。このことで、デザインという要素とUXとの関係が、はっきりと理解できるようになった。

調査では、自身のデザインに対する興味・関心・能力の高さを測るにあたり、CVPA（Centrality of Visual Product Aesthetics）という評価指標を用いた。CVPAとは、Bloch *et al.*（2003）が作成した、一一個の質問項目に対する回答パターンによって回答者自身のデザインに対する興味・関心・能力の高さを計測することができる指標で、回答者分布はおおむね正規分布になることが知られている。これを導入し、一〇七三名の回答者を、デザインに対する興味・関心・能力が高い順に正規分布に従って、六層のグループに分類した。「一層&二層」とは、全体の平均値より標準偏差が1以上上位にずれている層（つまり、デザインに対する興味・関心・能力がかなり高い層）を指す。以下同様に、「三層」は全体平均値以上で標準偏差1未満上位にずれている層（上位マジョリティ層）、「四層」は全体平均値以下で標準偏差1未満下位にずれている層（下位マジョリティ層）、「五層&六層」は全体平均値より標準偏差1以上下位にずれている層（デザイン

図２−４　購入をめぐる楽しさの推移（デザインに対する感度別）

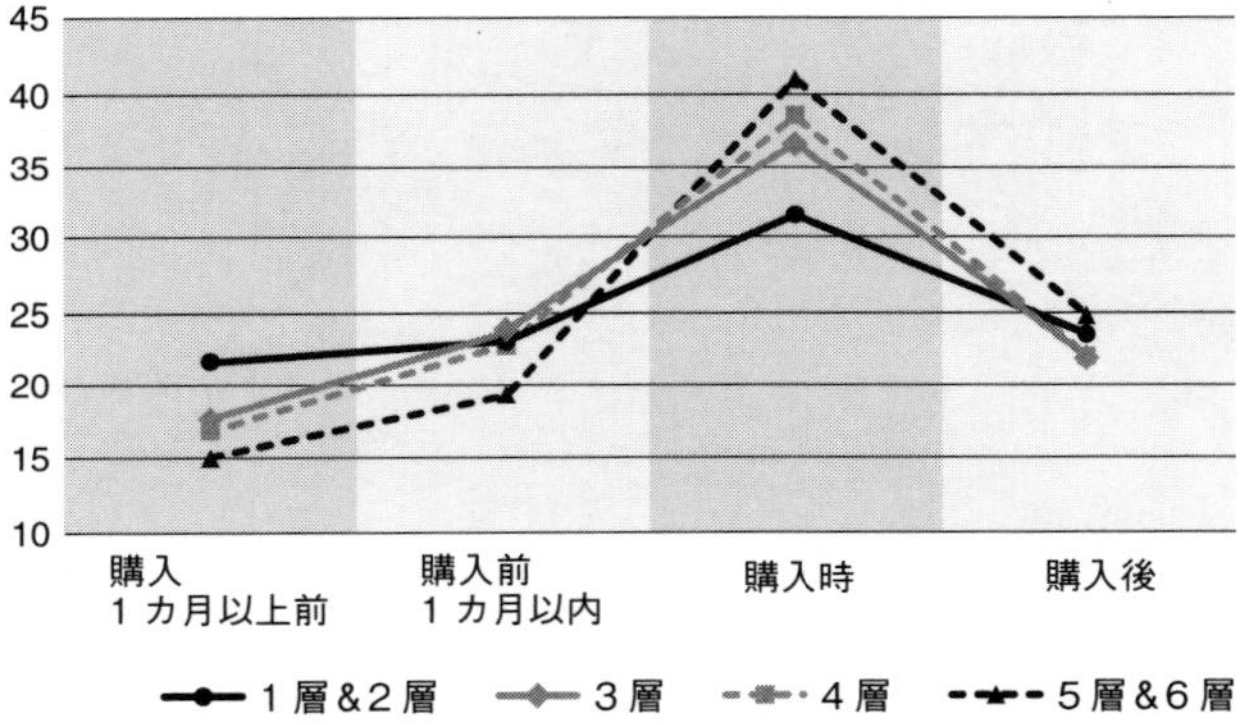

に対する興味・関心・能力がかなり低い層）となっている。

図2-4は、購入に関する楽しさについて、四種の製品・サービスの結果を平均したグラフである。これを見ると、一層＆二層（デザインに対する興味・関心・能力がかなり高い層）は、時系列上に楽しさが広く分散していることが明確に確認でき、興味深い。それに対して、五層＆六層（デザインに対する興味・関心・能力がかなり低い層）は、明らかに楽しさが購入時のみに集中している傾向が読み取れる。つまり、デザインの力は、時系列的な楽しさUXを購入以前の段階から購入後まで広く分散させ、製品・サービスとユーザーとの接点を面的に拡充させる効果があるといえそうである。

同様のことは、図2-5に示される、情報収集UXにもあてはまる。デザインに対する興味・関心・

図２－５　購入をめぐる情報収集の推移（デザインに対する感度別）

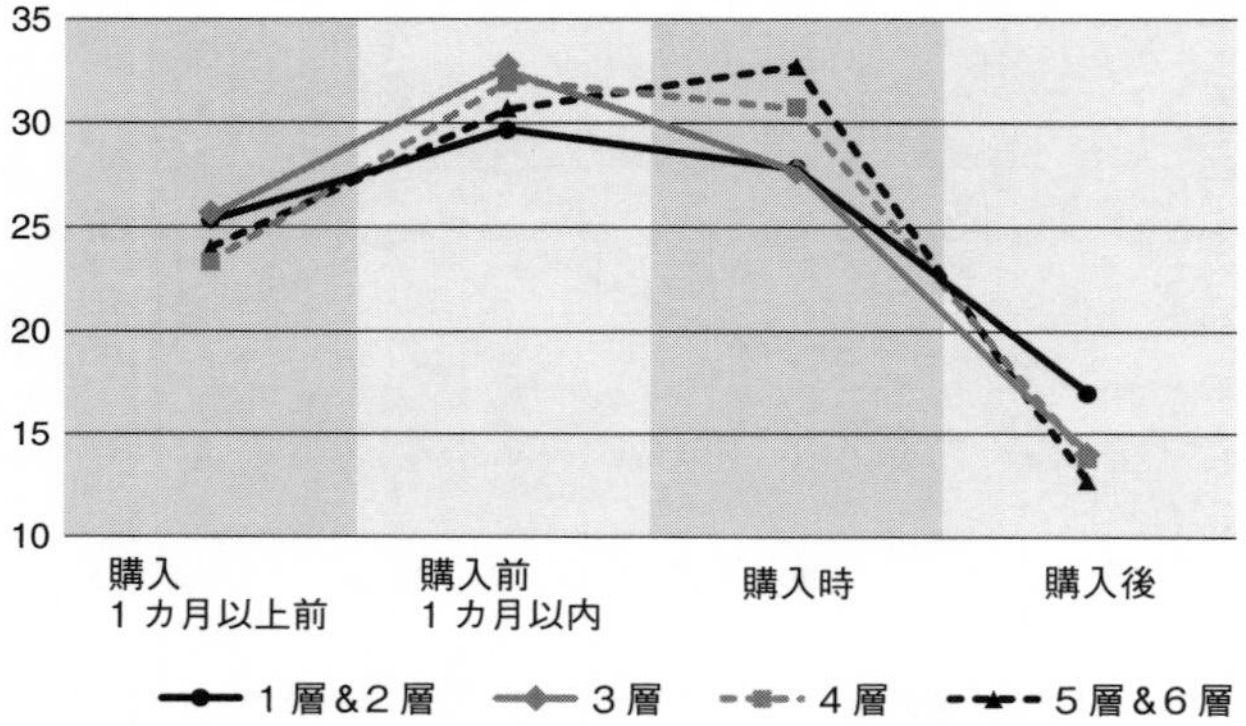

能力が高い層であればあるほど、時系列上の分散傾向がはっきりと読み取れる。やはり五層＆六層は、購入時に情報収集が集中する傾向にある。

このことは、製品・サービスのマーケティング戦略上、非常に大きな意味を持つ。情報収集が時系列上で面的に分散していれば、それだけ多様なコミュニケーション手段や表現方法が有効になる可能性が高まり、戦略展開の自由度が拡がりうるからである。したがって、デザインという言葉の意味を広義に捉え、ＵＸを視野に入れると、製品・サービス自体の色や形（狭義のデザイン要素）を操作するのみにとどまらず、時系列上でのユーザーとの接点を多様にコントロールする取り組みにつながっていくのである。

消費者のデザインに対する評価の落とし穴

ところで、そもそもデザインという要素は、消費者の商品選びにおいて、どのくらい重要性を有しているのだろうか。前項で、デザインとＵＸが深い関係にあり、デザインの活用によって時系列上のユーザー接点の多様化に寄与できることを見てきたが、消費者が商品を選ぶ際に重視する要素は、当然ながらデザイン以外にも多様であるはずだ。それら諸要素の中で、デザインがどの程度の影響力を持つのかを検証しなければ、現象の全体像は見えにくい。

そこで、コンジョイント分析という手法を用いて、「デザイン」「数値的な性能・機能」「耐久性」「価格」の四要素が、当該製品・サービスの総合的な評価にどの程度寄与しているのかを、数値で比較した。その結果、「デザイン」という要素の複雑な仕組みが明らかになってきた。

図２-６〜図２-９に、結果の抜粋を示した。まず図２-６からは、デザインに対するユーザー評価について、非常に興味深い、ある意味で奇妙とも思える現象が発見された。同図には家電品の重視ポイントに関する結果が示されているが、一層＆二層は、前項で述べた通りデザインに対して非常に感度が高いユーザーであるにもかかわらず、製品の魅力度の評価におけるデザインの寄与度がわずか二〇％程度と低く、代わりに数値的な性能・機能が約五〇％と高くなっているこ

図２−６　家電品の総合評価（デザイン感度別）

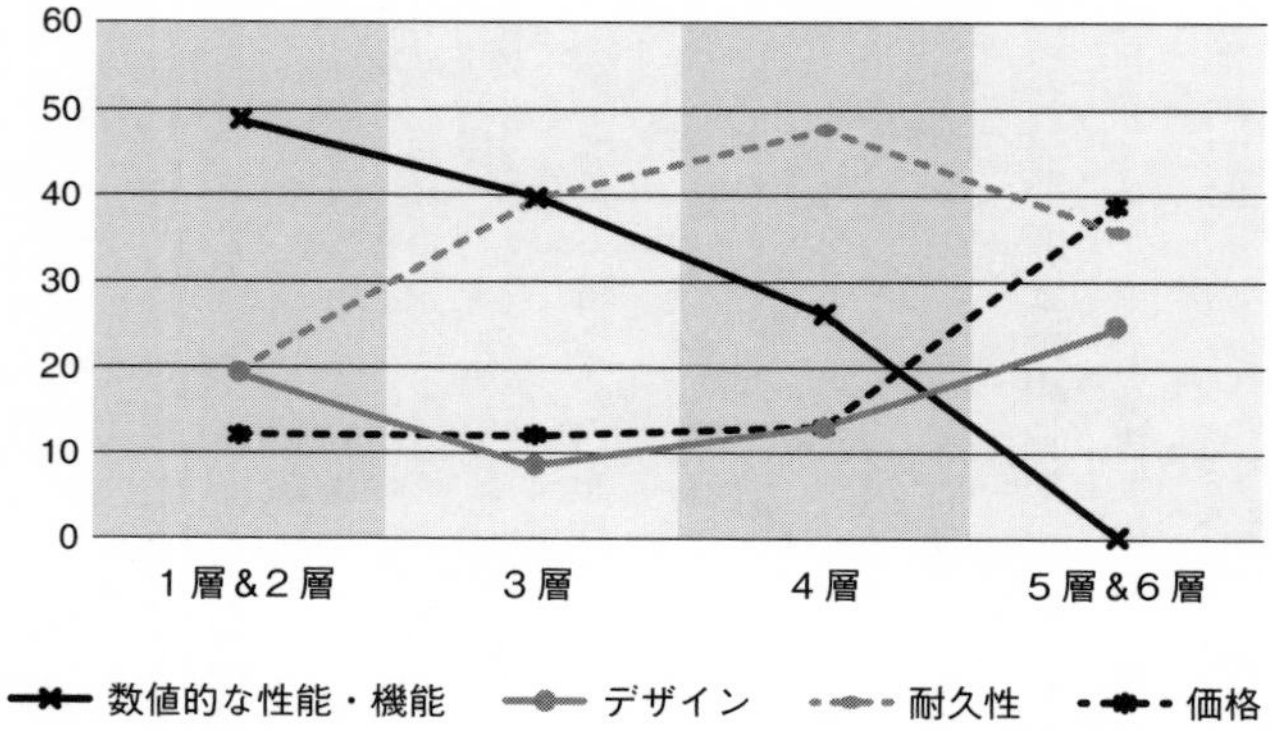

とが読み取れる。同様の傾向は、三層にも見られる。そして、デザインが製品の魅力度にしっかり寄与するのは、なんと、デザインの感度が高くない五層＆六層に対してであることがわかる。つまり家電品については、デザイン高感度層ほど、デザインよりも数値的な性能・機能を重視しているということである。これは驚くべき結果であり、この結果を表面的に受け取れば、家電品のデザインに携わっているデザイナーは意気消沈してしまうかもしれない。

なぜこのような結果が出たのだろうか。この現象が意味するのは、おそらく、デザインに高感度な人は性能・機能にも高感度であるということである。このことは、今まであまり明確には議論されてこなかったように思われる。この逆（つまり、性能・機能に高感度な人はデザインにも高感度）が必ずしも正しくないために、なんとなく、デザインと数値的な性能・機能は、まったく別の相反する要素だという思い込みが、私たちの頭の中にあるのではないだろうか。俗にいう、デザインは感性、性能・機能は理性、といった解釈である。ところが、事実はそれほど単純ではない。たしかに実際にも、たとえば実務家としてのデザイナーは、デザインだけでなく数値的な性能・機能にもきわめて強いこだわりを持つことが多い。こうしたことからも、図2-6に示された結果は、一面の真理を表していると考えるべきだろう。

しかし、もしこれが真実であるなら、デザインの力を、エンドユーザーへのアンケート評価などをもとに単純に数値化しようとする試みに対しては、非常に慎重な判断が求められるといわざるをえない。デザインと性能・機能は、高感度なエンドユーザーであるほど、製品評価においては切っても切り離せない要素ということになるからだ。このとき、たとえば、本当はデザインが評価の主因であるにもかかわらず、ユーザーは性能・機能と回答しているという可能性も考えられるのである。性能・機能は数値化しやすいため、その陰に隠れて、デザインを数値化するのがかえって困難になっているともいえる。反対に、デザインだけを切り離して無理に数値化しようとすれば、それはデザインに低感度なユーザーからしか反応が得られないという危険性もある。自動車業界には以前から、「アンケート調査ばかりでデザインを決定した自動車は、あまりヒットしない」という逸話があるというが、この図2-6に示された現象と通じているのではないかと筆者は考えている。

図２－７　かばん・靴の総合評価（デザイン感度別）

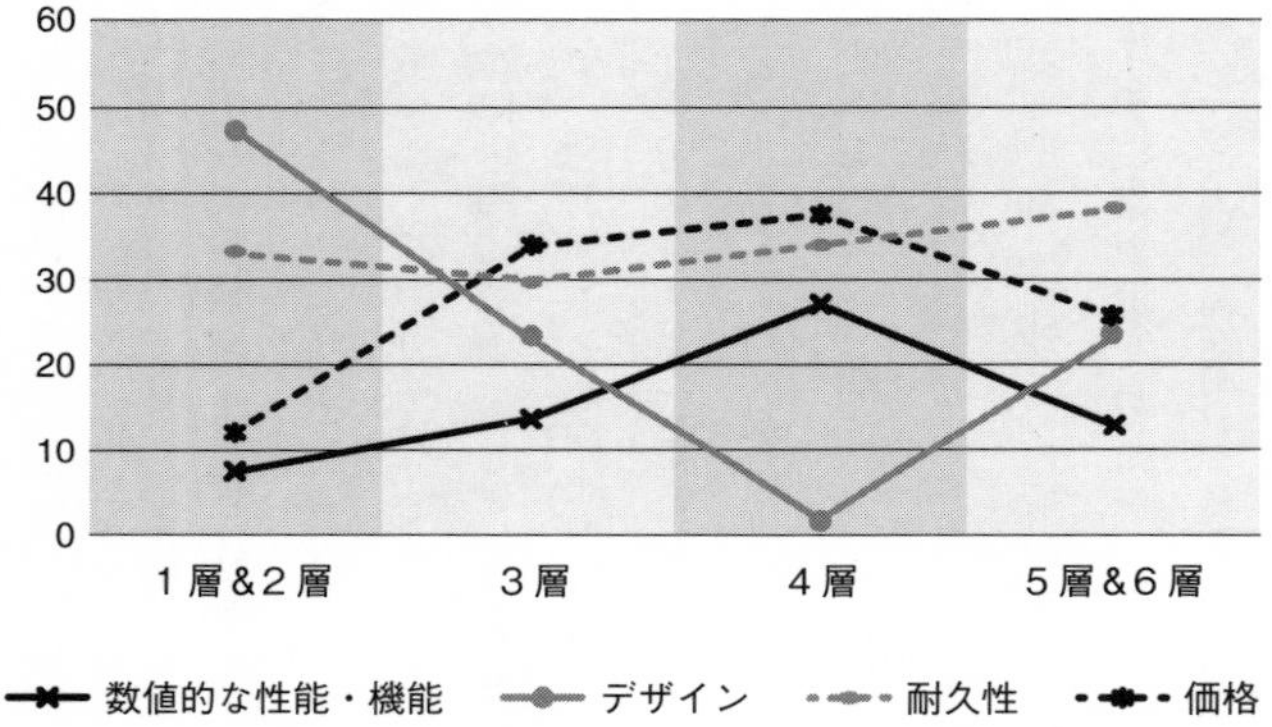

とはいえ、この現象は家電品で見られたに過ぎない（おそらく自動車などのハイテク商品には援用可能だろう）。図2-7は、かばん・靴に関して、同様の調査を行った結果である。興味深いことに、まったく違う傾向が見られた。

かばん・靴のように嗜好性が強い日用品の場合には、デザインという要素に存在感のあることが読み取れる。まず、デザイン高感度層の間では、他の要素を抑え込んで最も重要な要素になっている。当然といえば当然の結果である。しかし、デザインへの感度が低いユーザー層になると、その重要性は一気に下がり、代わりに価格という要素の重要度が増している。これは、ある意味でとても理解しやすい、素直な結果である。要するに、価格とデザインの間にトレードオフ関係が成立している。おそらく、数値的な性能・機能があまり重要でないファッション性の強い製品に関しては、同様であると推測される。この種の製品の場合には、前述のような、デザインに高感度な人は、性能・機能にも高感度である、という現象はほとんど見られない。

ここで留意したいのは、多くのデザイナーが心理に抱く「デザインに対する正当な評価」とは、いま述べたような嗜好性の強い日用品におけるデザイン要素のあり方なのではないかということである。すなわち、高感度な人が優れたデザインを数値上でも高く評価し、そうでない人は安い商品（低価格という数値評価）へ流れる、という構図だ。こうした中で、前述の家電品のような製品・サービスに、デザイナーはどう向き合えばよいのだろうか。

最大の問題は、家電や自動車など先端技術が深く関連する製品の場合、色や形（つまり、狭義のデザイン）は直接的なユーザー評価につながりにくく、むしろ先端技術の性能や機能を引き立てて技術の効用をユーザーに伝えるデザイン（つまり、広義のデザイン）が評価されやすいという点である。ところが一般に、デザインのユーザー評価に用いられる指標（とくにマーケティング学で用いられるデザイン評価に関する指標）は、ほとんどすべてが、色や形の良し悪しを測るための指標になってしまっている。性能や機能を伝える力を測る指標で、広く普及しているものは、今のところ存在しない。このような状況が、先端技術を用いた製品をめぐってデザイナーを悩ませている本質的な問題なのではないかと筆者は考えている。つまり、デザインという要素は「イノベーションを伝える」力を持っているのだが、それをきちんと測れる方法が存在しないという問題が、デザインを狭義に閉じ込め、さらには経営的な意思決定の場における過小評価を招く原因になっているのではないか、ということだ。イノベーションを伝える力の測定指標の開発は、今後の大きな課題といえる。

ちなみに、図2-8と図2-9は、サービス財について同様の調査をした結果である。サービス財の場合も、数値的な性能・機能という要素とデザイン要素との間には関係がほとんど見られず、デザイン要素は価格要素との間でトレードオフ関係があるように見える。ただし、かばん・靴のような嗜好品とは異なり、全体にデザイン要素の存在感自体も大きくない。一層&二層のみが、ホテルの評価においてデザイン要素を重視する傾向が見られるが、それ以外の層では、それほどの寄与率が見られなかった。また、航空会社の評価では、デザインが全体で最も寄与率の低い要素であった。

UXの視点に立てば、本来はサービス財においても各種のデザイン要素は大きな影響力を持ちうるはずだが、今回の結果が正しいとすれば、現状においてデザインは、サービス財で十分に機能していないといわざるをえない。なぜ時系列に沿って推移する楽しさや情報収集のUXに対して、デザインがあまり大きな効果を発揮できていないのであろうか。筆者は、こうしたデザイン要素の「埋没」の原因が、日本の多くのサービス企業において、デザインあるいはデザイナーの力が、広告・ウェブサイト・SNSなどのユーザーコミュニケーションの場で十分に活かされて

図2−8　ホテルの総合評価（デザイン感度別）

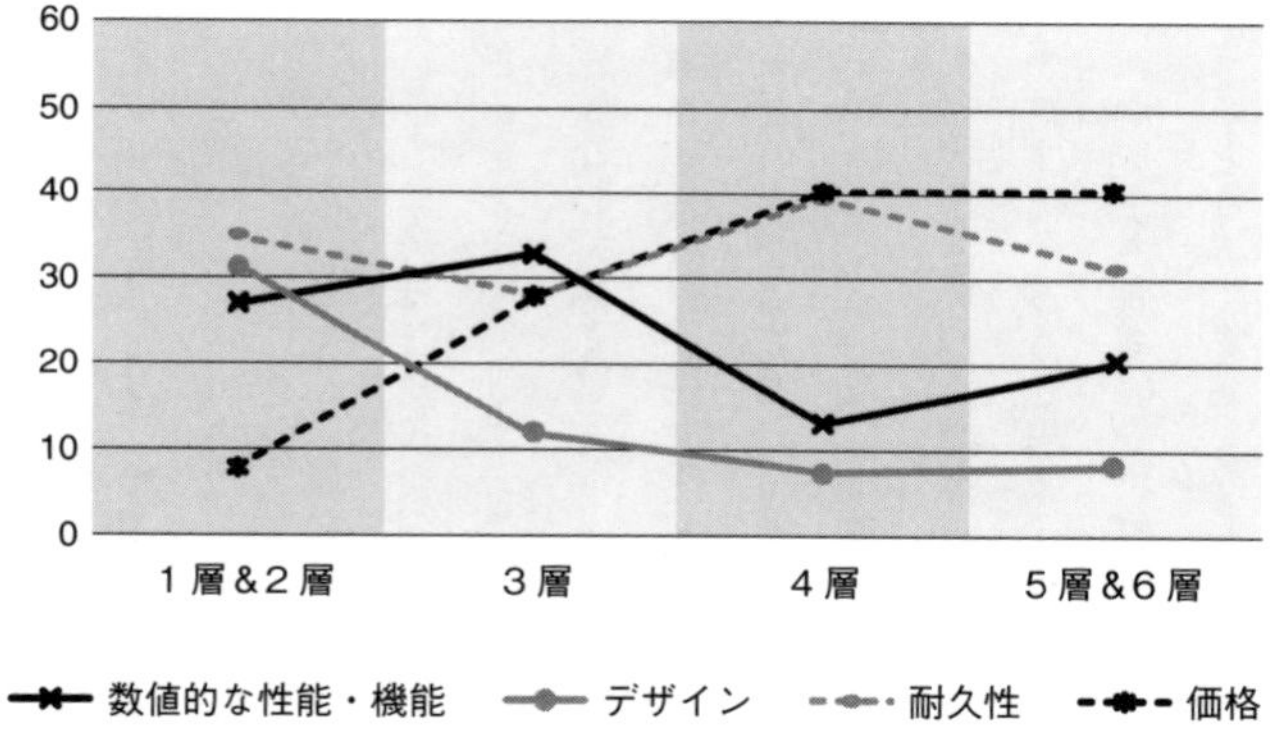

図2−9　航空会社の総合評価（デザイン感度別）

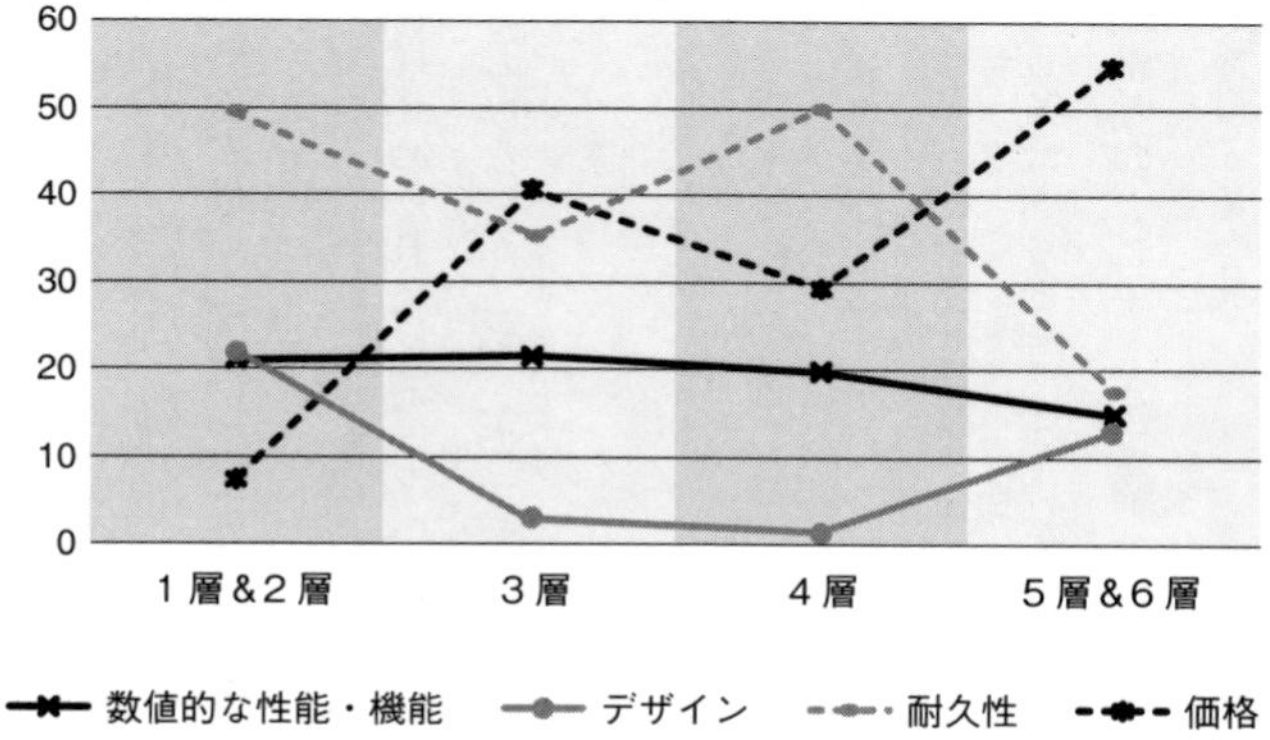

いないことにあるのではないかと考えている。つまり、ブランディングにおいてデザインの力を発揮できていないということだ。

たとえば、調度品をはじめとする内装のデザインが優れたホテルでも、同じデザインアイデンティティを保ったウェブサイトや広告を実現できている例は、国内には少ない。航空各社も、実際のサービスの現場では非常に凝ったデザインの施設・コスチューム・料理などを提供しているものの、同じような工夫や熱量が予約サイトや広告に込められているかといえば、はなはだ疑問といわざるをえない。細かいことだと思われるかもしれないが、UXのデザインは、そういう点こそが重要なのである。

アップルがなぜMacBookやiPhoneの廃棄される外箱にまでこだわってお金をかけるのかといえば、それがUXにおいて重要なコミュニケーション手段だと認識しているからである。外箱にお金をかけるぐらいなら本体価格を下げるべきという発想では、デザイン経営は成り立たない。同じことはホテルのウェブサイトや航空会社の予約サイトにもあてはまる。ユーザーの視点に立てば、予約するかどうか思案する時点から、すでにUXは始まっている。そこで十分に練られたデザインが提供されていなければ、結局のところ価格とのトレードオフ構造に負けていってしまうということなのである。

デザインによるＵＸのコントロールは道半ば

今回の調査全体を通じて、デザインの力でＵＸをコントロールすることの大きな可能性は確認されたものの、実際にそれが活かされている状況にあるとは言い難いことがわかってきた。その理由は、家電品などのハイテク財において数値的な性能・機能（イノベーション）を伝えるためのデザインや、あるいはサービス業におけるデザインなどの持つ力が十分に発揮されていないため、結果的にデザインがいまだに色や形といった狭い定義でしか消費者に認識されていない側面があること、そして、そのような認識のもとでデザインが価格とのトレードオフ構造に陥っていること、とまとめられる。つまり、前章で説明したデザインの三段階定義における第二段階が、まだ十分に社会に定着していないということである。

現状のままでは、ビジネスモデルやエコシステムをデザインするという三番目の定義に到達するのは難しい。いったいどうすれば、イノベーションを伝えるデザインや、サービス業を支えるデザインが、もっと定着するのだろうか。鍵を握っているのは、デザイナー以外の人材（とくに理系のエンジニア人材など）に、広義のデザイン概念を浸透させていくことだと、筆者は考えている。それは、前章で述べたように、明治・大正期にdesignが意匠と設計に分化してしまったことから生じた溝を、「デザイン思考」によって約一〇〇年ぶりに埋める試みともいえる。次章では、そのような考え方に立って、デザイン思考の普及について考えてみたい。

第3章　デザイン思考の必要性

デザイン思考とは何か

広義のデザインという概念、あるいはそれによるデザイン行為を、どうすればビジネスの中で（とりわけ理系のエンジニア層に）より普遍的な価値として定着させることができるのだろうか。デザインの力を経営やアイデア開発に活かす手法として、昨今、「デザイン思考」という手法が流行している。「流行しすぎて、差別化という点ではあまり効果がない」との批判が増えているほどである。しかし、これは、広義のデザインという概念を理解・実践するには必須ともいえる思考の道具であり、多少うまくいかないことがあったとしても、日本の企業経営の高度化にとってきわめて重要な手法であると筆者は考えている。従来の延長線上で行われる「カイゼン」は技術的な陳腐化が早く、それだけでは、もはや新興国企業に対する勝ち目はない。もっと創造性にあふれた「ものづくり」の能力を取り戻さない限り、日本の競争力回復は難しいだろう。

デザイン思考とは、いったいどのような思考法なのだろうか。現在普及している、デザイン思考の一般的プロセスは、図3-1のようなものである。これは、アメリカのスタンフォード大学にあるStanford d. schoolが開発・公表しているプロセス図である。以降で、各ステップを説明

図３−１　デザイン思考のプロセス

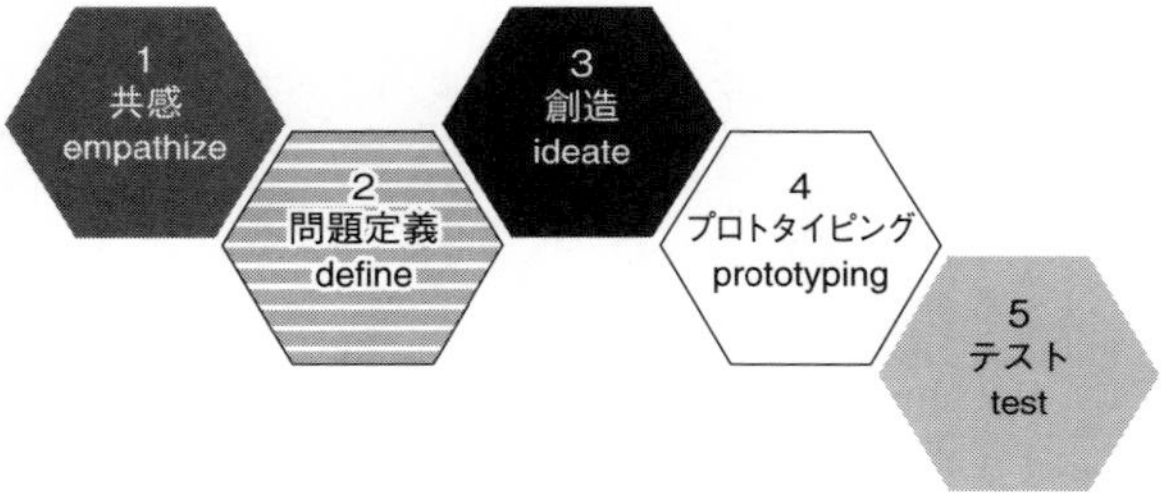

出典：Stanford d. school のウェブサイトより作成

していこう。

第一ステップ「共感」

デザイン思考における最初のステップは、技術調査や消費者ニーズ探索ではない。第一ステップで用いられるべき手法は参与観察（エスノグラフィ）であり、その目的は共感することである。この手法のもとで、調査者は、外部者としてユーザーのことを観察したり質問したりするのではなく、自分自身が一人のユーザーとなって環境に飛び込み、そこで実際にどのような情報処理をして、どういった気持ちになるのか、などの体験を共有する。この体験の共有という行為のことを「共感」と呼んでいる。

参与観察は、主に文化人類学の領域で開発され用いられてきた手法である。二〇世紀初頭、ポーランドの人類学者ブロニスワフ・マリノフスキは、後に『西大平洋の遠洋航海者』(原著、一九二二年刊)という書物にまとまる研究において、言語もわからない他民族の生活・文化を調べるため、数年間に及ぶ参与観察調査を実施した(船曳、一九七八)。現地の人とともに生活し、一緒に飲み食いすることで、まず言葉を覚え、その上で習慣を覚え、やがてその民族が持つ文化や価値観を理解していった。

このような参与観察調査において観察者は、観察対象者と日常をともにする中で遭遇したできごとを、日記などにすべて記録する。それがある程度蓄積された段階で、記録の一つ一つをカードなどに書き出し、熟考を重ねることによって、項目間の隠れた構造や関係を見つけ出すことを目指す。日記には、見聞きしたことをなるべくありのままに記録すべきであるとされる。また、虫の目・鳥の目両方の視点から、ごく些細なことも含めて可能な限り多くの情報を、発散的に収集することが重要である。

この調査手法は、現在のマーケティング調査において主流になっている消費者調査とは異なり、サンプルサイズはたったの1(参与観察者本人)に過ぎない。したがって、いわゆる定量分析には適さず、統計的に有意な結果は何も得られない。しかし、たとえ一人であっても、その観察者が共感したことはまぎれもない「事実」であり、そこには表層的な消費者調査からはとうてい得られないような洞察が数多く含まれている。デザイナーはしばしば、アイデアをつくり出すにあたって、このようなサンプル１の共感を出発点にするとされ、デザイン思考でもこれを重視しているのである。

とはいえ、ビジネス現場において文化人類学者のような複数年もの長期にわたる参与観察調査は不可能なので、デザイナーが実際に得ているのは、もっとずっと短期の「参与」体験である。それでも、自分の体験に基づく共感という柔らかい事実を出発点にしてアイデア開発に着手する姿勢は、統計分析で武装したマーケティング調査よりも、はるかに地に足のついたものでありうる。出発点にする事実の柔らかさゆえに、デザイナーの仕事の仕方は時として、「感覚的で理解できない」「独りよがりだ」などと批判されることがある。しかし、いま述べたように、こうしたデザイナーの方法は決して荒唐無稽な思いつきではなく、深い洞察を出発点にしたいという動機に基づいた行動であると考えられる。

ところで、参与観察調査を実施する場合、観察対象をどう選ぶかが最も重要になる。当然ながら観察者は、これからデザイン思考を用いて何らかのモノやサービスを創造し、社会の問題を解決しようと思っている。であるならば、観察対象には、そのような問題を潜在的に抱える人々、あるいは、そのような問題の解決策を無意識に持つ人々が適しているだろう。ところが、こういった探索条件は非常にあいまいであり、デザイン思考の実施にあたって大きな障害となることが多い。的外れな対象者を選ぶと、共感できず、有用な情報も得られない結果に終わってしまう。

図3－2　ユーザーの分布

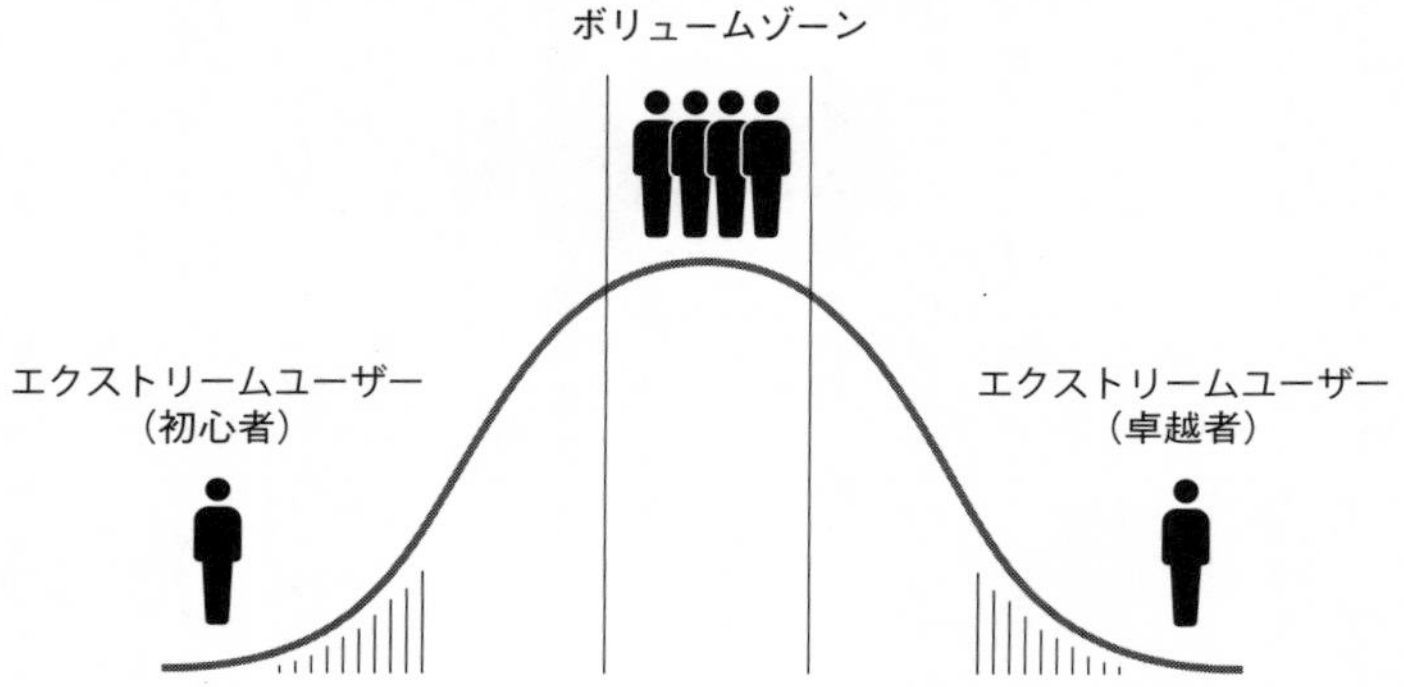

出典：IDEO.org より作成

このことについてStanford d. schoolは、ボリュームゾーンの平均的な対象者群ではなく、エクストリームユーザーと呼ばれる極端な対象者群を（図3－2）、あえて観察対象にすべきと主張している。そのほうが、潜在的な問題を引き出しやすく、結果的に共感できた場合に得られる発見が多いという。この点も、一般的なマーケティング調査とは考え方が大きく異なっている。一般的なマーケティング調査では、統計的な代表性が重視されるので、できるだけボリュームゾーンを調査対象にするのが望ましいとされる。エクストリームユーザーは外れ値として排除される対象になりがちである。しかし参与観察調査では、統計的代表性は重要な要素ではないのである。

ただ、このようなエクストリームユーザーは、そもそもの人数が多くないので、イメージを明確にできたとしても実際に観察対象者を見つけ出すのに困難がともなう可能性は留意しておくべきである。とはいえ、参与観察を行う際には、なるべく妥協せず丹念に対象者を選び出し、趣旨を丁寧に説明して協力を得るよう努力しなければならない。

第二ステップ「問題定義」

デザイン思考における二つ目のステップは、問題定義である。参与観察調査で得られた情報を構造的にまとめ、その本質を抽出することで、観察対象者が抱えている問題をしっかりと把握する、あるいは、観察対象者が無意識のうちに獲得している問題解決方法を探し出す作業である。

前述した通り、発散的に収集された断片情報を、一つ一つカードなどに書き出し、熟考を重ねることによって、項目間の隠れた構造や関係を見つけ出す。これについて、日本ではＫＪ法がよく用いられる。文化人類学者の川喜田二郎が考案した質的情報の収束手法であり（川喜田、一九七〇）、もともとあった情報の多様性を減ずることなく本質的な特徴をうまく抽出し、理解しやすい形にまとめるのに適している。このほか、いわゆるブレインストーミング法（Osborn, 1953）

なども有用とされる。

こうして把握された問題が、「厄介な問題」（wicked problem）であることはめずらしくない。この表現は、Rittel and Webber（1973）が初出といわれる。同論文では、科学技術が取り扱ってきた問題を対比的に「飼いならされた問題」（tame problem）と呼び、相対的に解決しやすいものと位置づけている。それに対して厄介な問題は、人間の本質的な弱みに起因したり、価値観に拠るものであったりするため、簡単には解決策が見つからず、場合によっては解決策があるのかすらわからない。これには、自然災害や、戦争・動乱、差別・貧困、イデオロギー対立なども含まれる。

しかし、そうであっても「問題」として存在していることは間違いがないので、それを「定義」するというのが、デザイン思考の第二ステップである。こうした問題が、単純に科学技術を導入したり、小手先のマーケティング策を講じるだけで、すんなり解決することはない。それでも厄介な問題を扱うところにこそ、デザイン思考の最大の特徴があるともいえる。

厄介な問題は、より一般的には「想定外」の問題といわれるものに近い。人類は過去、想定外の問題に多数遭遇してきた。自然災害や戦争のたびに、共存を図ったり、解決策を模索したりしながら生きてきた。その営みには、しばしば長い時間が費やされた。そうした過去の特異な経験を、歴史という形で学ぶのは、主に文系といわれる学問領域である。文化人類学（文系に分類さ

図３－３　学問領域と得意分野

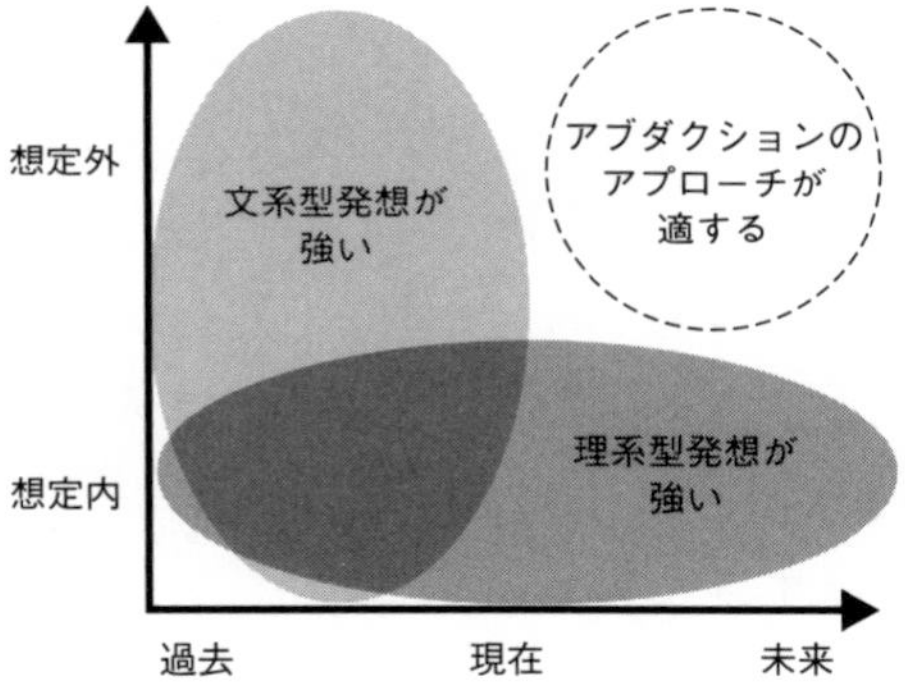

れている）も、まさにそのような営みを捉えようとする分野である。参与観察調査によって発見される問題に、想定外あるいは厄介なものが多いというのは、したがって整合的である。ところが、デザイン思考が扱うのは、過去の問題ではなく、現在から未来に発生する問題である。

未来に起こる問題を扱うのであれば、文系よりも、理学・工学といった理系の学問領域のほうが得意だと考えられる。というのも理系の諸領域は、理想的には時間的問題から解放された、普遍の法則を探求しているからである。常にそこまでは難しいにしても、一度観察された問題の解決策が、二度目・三度目も同様に機能すること、すなわち「再現性」があるかということは、理系において最重要視される事項である。ところが、高い再現性のある解決策を開発するには、取り扱う問題が「飼いならされ」ていなければならない。

つまり、「想定内」の問題である必要がある。

以上の構図を図示すると、図3‐3のようになる。これを見れば明らかに、従来的な文系・理系の学問領域だけでは、「未来」の「想定外」が著しく手薄になっていることが理解できる。この「未来の想定外」になんとか対応しようとする方法が、次に述べるデザイン思考の第三ステップなのである。

第三ステップ「創造」

デザイン思考の第三ステップは、創造である。この行為を理解するには、アブダクション（abduction）という思考方法が役に立つ。これは、演繹（deduction）、帰納（induction）と並び、人間が生来持ち併せる思考法だといわれている。人間は、新たな仮説をつくり出すとき、何らかの因果関係をもとに「Aであれば、Bなのではないか」と推論する。ただ、同じ推論でも、演繹・帰納・アブダクションのうち、どの考え方を重視するかで違いが生じる。

演繹的な仮説構築とは、すでに「AであればBである」ということが動かぬ証拠として証明されている場合に、それが新たに適用できる問題を見つけ出す行為を指すことが多い。「AならばB」が適用可能かを吟味する行為、とも言い換えられる。したがって、適用可能な「範囲」の定義が、最も重要な課題になる。どうやら適用可能だという範囲（つまり、前述の飼いならされた問題）を見出して、ほぼ予定調和的に「AならばB」を（再）証明する。演繹的な考え方を重視した仮説構築は、このような性質を持った推論であるため、中には「仮説が構築できた瞬間に問題のほとんどは解決したようなもの」と表現する研究者もいる。こうした演繹的な仮説構築および検証という地道な営みこそが、自然科学の発展を支えてきた原動力といえる。

これに対し、帰納的な考え方を重視した仮説構築とは、まだ証明されていない新たな「AであればBである」を、推論によってつくり出す行為である。それにはもちろん、たくさんの状況証拠を示さなければならず、また「おそらくこうすれば証明できる」という方法まで含めて考える必要もある。しかし、こうした考え方をしなければ、新たな「AならばB」の因果関係は見出されないので、帰納的な推論こそが本当の意味での仮説構築だという意見もある。とはいえ、繰り返しになるが、帰納的推論には数多くの状況証拠が必要で、それらを集めるには長い時間がかかる。そのため、過去のできごとをめぐって行われることが多い。つまり、現在進行形でスピーディに変化する研究テーマには向かないという弱点がある。

もう一つの、アブダクションによる仮説構築とは、どのようなものなのだろうか。それは、前の二つとは異なって、「AであればBである」という因果関係全体を眼前の観測事実にあてはめようとはせず、結果部分（つまり「Bである」）だけを取り上げて、これが事実であるならば背後には「Aであれば」が隠されているに違いないというように、いわば因果関係を逆にたどって仮説を構築する方法である。アブダクションはこのように、因果関係を半ば飛び越えるような発想をするので、「発見重視の仮説構築」とも表現される。仮説が突飛すぎる場合には、「単なる思いつき」とも批判されかねない。しかし、そうした批判があってなお、アブダクションには大きな魅力がある。そして一般的に、デザイナーは研究者や戦略分析者と比較して、アブダクションが得意だといわれている。

アブダクションの有用性を論理的に説明するために、筆者自身の研究を以下で紹介したい（鷲田、二〇一六）。一般的な科学的問題解決（とりわけ演繹的な考え方を重視するもの）は、因果関係をもとに仮説検証を繰り返すことで進められる。図3-4にあるように、未知の領域で近未来に発生しうる結果要素に対応しそうな原因要素を既知の領域から多数見つけ出し、それらをもとに推論を実施する。その際、原因要素に対しては「理解」という様式（モード）の頭の使い方を、結果要素に対しては「推定」という様式（モード）を用いる。この二つのモードの切り替えこそが、「仮説を立てる」という行為の本質である。

この「仮説を立てる」という行為は、別の言葉で表現すれば、未来に発生しうる因果関係を手

図3-4　一般的な仮説検証

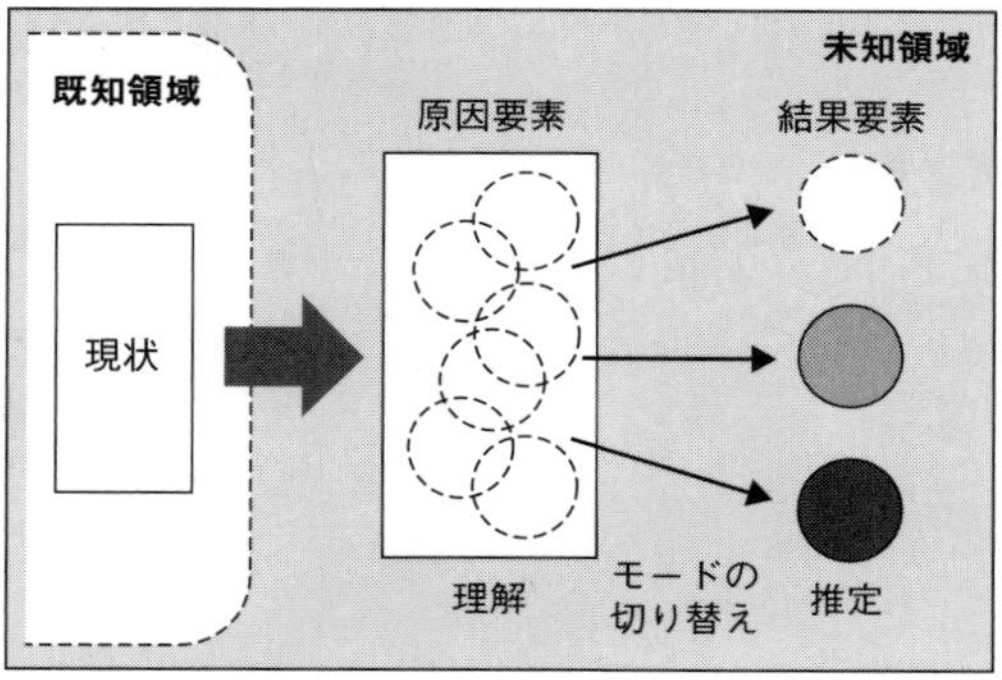

がかりに、一種のシナリオを立てることともいえる。このようにして立てられた仮説は、実験してみたり、時が経って未来が現実になったりすることによって、的中したかどうかが検証されることになる。検証においては、原因要素と結果要素の両方について、正しかったかどうかが確かめられる。「原因要素は的中したが結果要素が的中しなかった」のであれば、「仮説が支持されなかった」ことを意味する。「原因要素も結果要素も的中しなかった」のであれば、命題自体が正しくなかったと考えられる。このような仮説構築・検証の繰り返しが、いわゆる科学的思考の基本になっている。

同様の図で、アブダクションを、どのように表現できるだろうか。それは、「原因要素が的中しなかった（あるいは原因不明であった）にもかかわらず、結果要素が的中した」状態ということになる（図3-5）。これは科学的思考という観点からは困惑すべき状況である。なぜ

図3－5　アブダクション

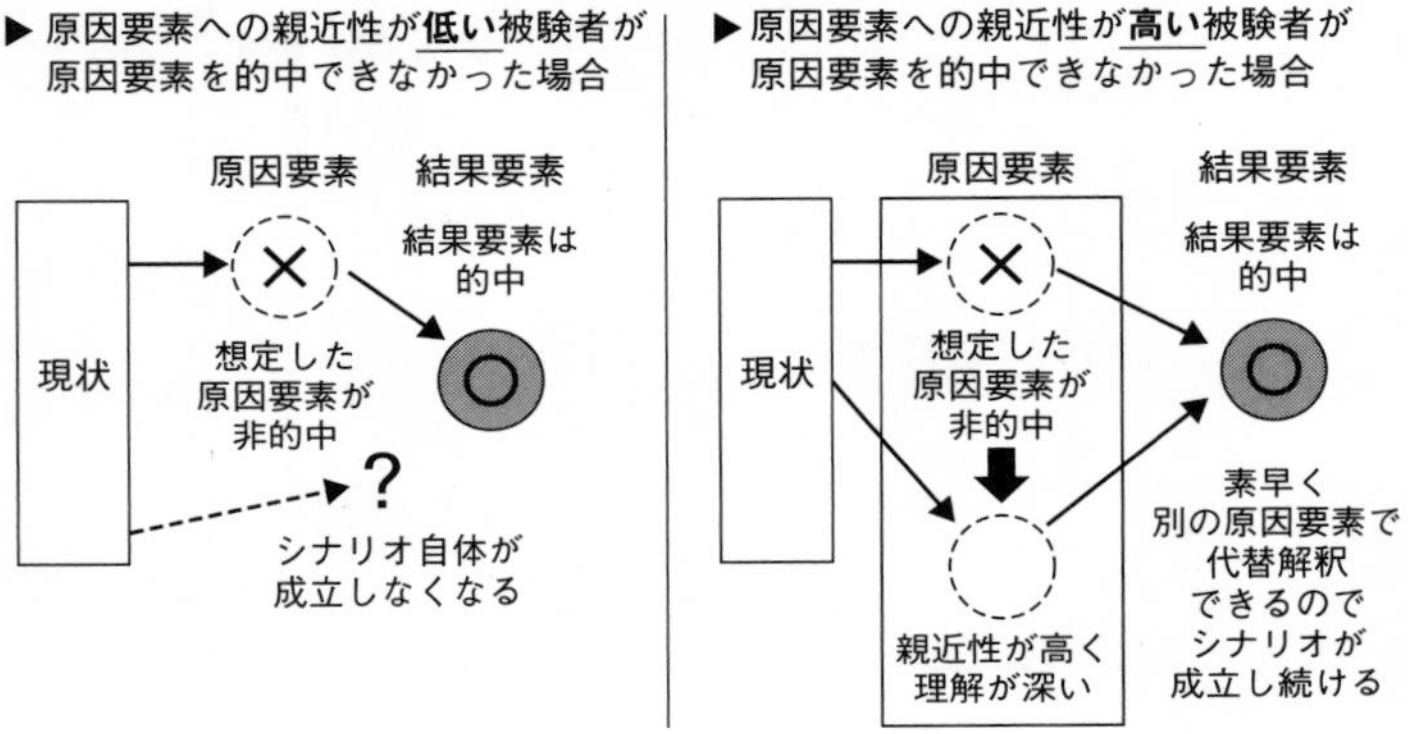

ならば、因果関係が破綻しているにもかかわらず、正しい結果が見つかってしまっているからである。したがって、こういったときの結果要素は科学的なものと扱われず、偶然に発見されたことにされがちである。だからこそ、デザイナーがアブダクションによって見出したアイデアを、理系の科学者・エンジニアが単なる思いつきと軽視するようなことになるのである。あるいは百歩譲って、これが「創造」行為なのだと捉えられたとしても、科学的思考の成果とは認められないために、「科学と創造は相性が悪い」という思い込みに陥りやすい。こうした関係性が、前章までに述べてきた広義のデザインに対する理解の欠如の根本背景ではないかと、筆者は考えている。

しかし、アブダクションは本当に科学的思考に反しているのだろうか。もう少し検討してみれば、これも十分に科学的な行為であり、しかも通常の科学的仮説検証の営みを上回る効用のあることが理解できる。今一度、図3-5の左側を見てもらいたい。アブダクションが単なる思いつきに見えてしまうのは、理由があることがわかる。それは原因要素に対する「理解」の絶対量の不足である。図では「原因要素への親近性が低い」と表現されている。一方、原因要素に対して、より豊富な理解を有する（原因要素への親近性が高い）場合、同図の右側のような現象が発生すると考えられる。つまり、的中した結果要素をもとに、それをうまく説明できる別の原因要素を即座に見つけ出し、因果関係を付け替えてしまうという現象である。この代替解釈が成立するとき、アブダクションの成果は通常の科学的思考に基づいて検証された仮説と何も違わなくなる。事実、筆者が実施した実験において、原因要素への親近性が高い被検者は、アブダクションによって立てた仮説（シナリオ）に対する納得度が、親近性の低い者より有意に高いことが確認されている。

すでに述べた通り、デザイン思考では、アイデアを開発する際、ユーザーの中に入り込んで深い洞察を得るべきとされる。それはつまり、図3-5の右側のように、原因要素に対する理解が非常に豊富な状態をつくり出す努力といえる。このような状態に自分を置くことで、アブダクションで仮説を立てた場合にも、その成果に自信を持ち続けることができるようになるのだろう。したがって、アブダクションを意図的に行えるようになれば、通常の仮説検証によって探索・発見できる結果要素を大幅に超え、未来領域でまさに的中する結果要素を素早くしかも大胆に見つけ出すことも可能になる。この、通常の仮説検証作業で可能な範囲を大幅に超えた探索・発見能力こそが、一般に「創造性」と感じられる能力の一端ではないかとも考えられるのである。

的中した結果要素から逆伝搬して、都合のよい（整合性のある）別の原因要素に付け替えてしまうというのは、ある意味では「ずるい」方法かもしれない。しかし、原因要素を深く「理解」することで、このような逆方向の「推定」ができるのであれば、これも人間の持つ能力といえるだろう。この方法を、単純に非科学的と言い切ってしまうことは妥当だろうか。筆者はそう思わない。これも十分、科学的に解釈可能な頭の使い方である。

第四ステップ「プロトタイピング」

デザイン思考の四つ目のステップは、プロトタイピングである。試しにつくってみるという意味であり、3Dプリンタを使ってイメージを形にしてみたり、日曜大工さながらに木材や段ボールで商品イメージを作成してみたり、手描きのイメージ図でスマートフォンの画面遷移を表現してみたり、といった取り組みをいう。実務においては、小規模な新商品開発プロジェクトを指すことも多い。

このステップは、前のステップと深く連動している。アブダクションによる創造に、形を与える行為だからである。日本デザインセンター代表を務めるグラフィックデザイナーの原研哉氏は、プロトタイピングのことを独自の表現で、「泥団子を作る」と呼ぶ（原、二〇〇三）。つまり、まだ関係者の頭の中にあいまいにしか形成できていないアイデアや概念を、デザイナーが自分の手の中で、まるで粘土をこねるようにして、とりあえずの形にしてみせる。これによって、議題になっている問題が何であるのかを、形として共有することができる。そうすると、まだ見ぬ未来のアイデアであっても、あたかも現実にあるように目にすることで、過大なリスクを感じてしまうことを回避できるし、想定外のことであっても、過度に複雑に感じることなく直観的に理解できるようになる。原氏は、自身が主催する作品展“HOUSE VISION”で、家屋（とくに内装）の新しい形について、たくさんのプロトタイピングを発表している（原・HOUSE VISION実行委員会、二〇一六）。

次頁に掲載した写真も、その作品展で提案されたもので、デザイナー柴田文江氏とヤマトホールディングスの協働によるプロトタイピング「冷蔵庫が外から開く家」という。これは、宅配便の再配達が増加しているという社会問題に対応しようと、外から配達員が開けて荷物を直接「置き配」できる冷蔵庫を備えた玄関である。宅配クリーニング店のために外から開くワードローブ

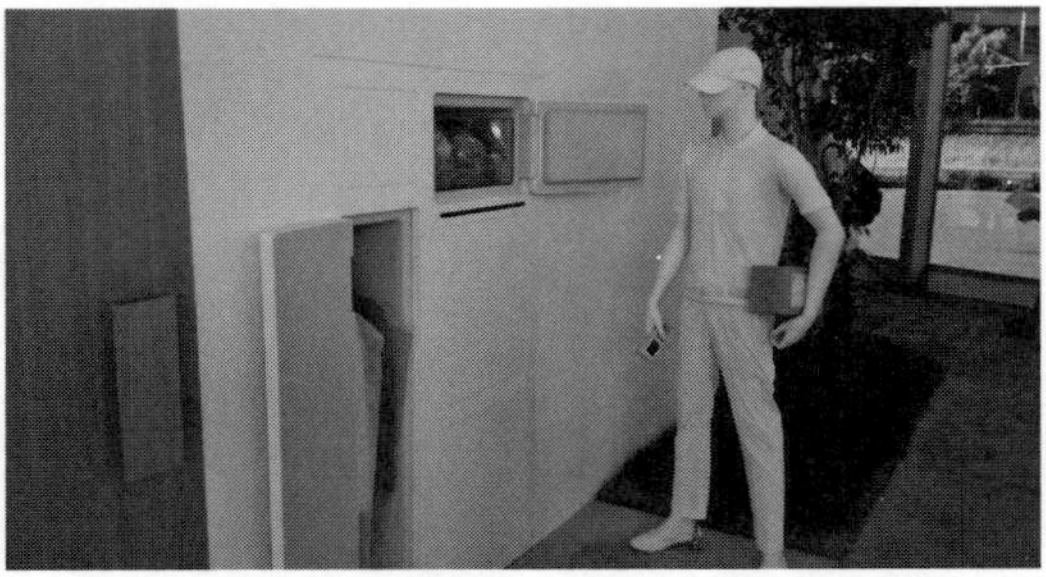

「冷蔵庫が外から開く家」（筆者撮影）

もついている。驚くべきは、このアイデアが、二〇一六年、すなわち新型コロナウイルス感染症が流行し始めた二〇二〇年より四年も前に、考案されていたということである。コロナ禍により人との接触を減少させる必要が生じたことで、このアイデアの有用性が一段とリアリティをもって感じられる社会が到来したのである。

このように魅力的なプロトタイピングを実現するには、どのような発想法が求められるのだろうか。目的は、今はまだ存在しないモノやサービスを生み出すことで、「現在見えている現実」における問題を解決することなのだが、いざ実行しようとすると、なかなか難しい。現在見えている現実に改めて目を向け、そこに横たわる問題（しかも多くの場合は厄介な問題）をどうにかしようとすればするほど、何から手をつければよいのだろうかという不安が増大し、手が止まってしまうものである。せっかく第三ステップで「創造」したアイデアが陳腐なものに見えてしまったり、本当に問題解決に資するものなのかが疑わ

図３−６　分析と構成

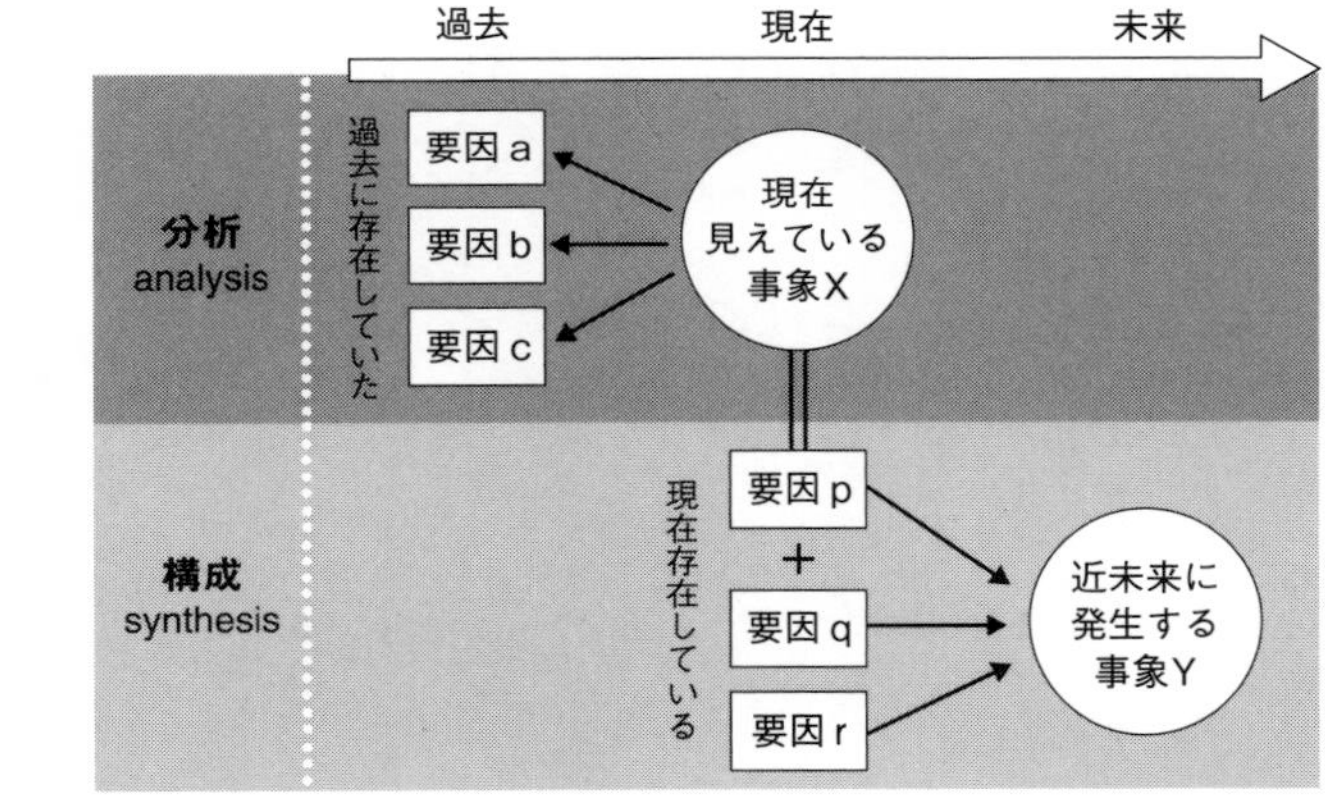

しく感じられてしまったりすることも多い。

こうした壁を突破してプロトタイピングを推進するためには、ものごとを「分析」するだけでなく、要素同士を組み合わせる「構成」という発想を並行して用いることが重要である（図3-6）。英語では、構成（synthesis）は、分析（analysis）の反対語と位置づけられている。分析に反対語が存在すること自体、日本ではあまり知られていないかもしれない（筆者が知ったのも一五年ほど前である）。そして日本の科学教育においては、ものごとを理解する方法として、分析こそがすべて、というような独占的な地位を占めているといっても過言ではない。

分析とは、現在見えている事象Xが、過去に存在していたと思われる要因ａ・要因ｂ・要因ｃなどによって成立していると仮定し、それら要因ごとに分解して個々に理解していくという行為である。したがって、この行為を時間軸で見ると、現在から過去へとさかのぼっている。言い換えれば、「AならばB」という因果関係でものごとを考えようとするとき、私たちは、いったんわざわざ過去にさかのぼるプロセスを踏む。これは、演繹的推論・帰納的推論いずれにもあてはまる。なぜこのようにするかというと、図3-6でいうところの「現在見えている事象X」があまりにも広範な内容を含むため、一度に全部を理解するのが難しいと感じられるからである。つまり、よりよい（有用な）プロトタイピングを行おうとして、現在見えている現実を改めて直視し、よく理解しようとすると、半ば無意識に分析をしてしまうことが多くなるのである。

ところが、プロトタイピングとは、未来のために「創造」されたアイデアを形にする行為なので、分析にともなって時間軸をさかのぼってしまうことが、発想上の大きな障害になりうる。帰納的推論であれ演繹的推論であれ、分析によって過去を出発点に仮説構築をし、それで創造されたアイデアは、たしかに現在見えている現実とは違っているかもしれない。しかしそれだけであり、まったく未来を描いていないという落とし穴に陥っていることが多々ある。その「違い」を埋めるためのモノやサービスをプロトタイピングした結果は、多くの場合、単なる「非現実的な解決案」である。取り組んでいるのが厄介な問題であればあるほど、そうしたプロトタイピングの有用性・実現性はとても低くなる。「今は無理でも、未来には実現するはずだ」と強弁する人がいるかもしれないが、そういったアイデアは、いわば『ドラえもん』に登場する夢のアイテムのようなものであり、未来にいたっても実現することはほぼない。筆者は『ドラえもん』を批判しているわけではない。『ドラえもん』は決して実現しない空想のアイデアをあえて描く漫画だからこそ魅力的なのであって、現実のアイデア開発とはまったく別のものと思わなければならない。

話を戻そう。このような落とし穴に陥らないために、どうすればよいのだろうか。それは、分析ではなく、構成の考え方を活用してみることである。つまり、分析とは反対向きに、現在ある要因ｐ・要因ｑ・要因ｒを組み合わせて、近未来に発生する事象Ｙを考え出そうとするのである。その際、現在見えている事象Ｘを、それより小さな要因ａ・要因ｂ・要因ｃには分解せず、ありのままにすべてを受け入れ（たとえ理解が難しいと感じたとしても）全体を一つの要因ｐとして捉えることが、非常に重要である。普段から分析が染みついてしまっている人には、慣れない感覚であると思う。慣れるためのコツは、とにかく、自分が理解できる部分だけをつまみ上げて他の部分を無視するという発想をしないように、最大限努力することである。理解が難しい部分も、すべて包含して全体像を捉える努力をしなければならない。このようなアプローチは、ホリスティックアプローチ（holistic approach）と呼ばれることもある。

その上で、構成によってプロトタイピングを実現するためには、現在見えている事象に、新たに別の要因（図3‐6でいえば要因qや要因r）をいくつか加えることが肝要である。加える要因は、技術でも、別の事象でも、別の価値観でも、極論すれば現存する事物であれば何でもよい。ただし、アブダクションによってアイデアを創造した場合は、図3‐6でいうところの「近未来に発生する事象Y」を先に仮説化してしまうことになるので、そこにたどり着くために必要な要因qや要因rは何なのかを考える必要がある。ここでも、現存しない「夢の技術」を加えてみたくなる衝動に駆られるかもしれないが、やはりそれでは『ドラえもん』と同じなので避けるべきである。あくまで現存する事物をいろいろ考え、試しに加えてみるという作業の連続である。

前項において、アブダクションを喚起する「理解」の深さについて議論した。ところが、繰り返し述べるように、分析が科学教育の基礎になっているため、ものごとを深く理解するということは分析と同義であると考えてしまっている人が、とりわけ日本には多いように思われる。これに対して構成は、いま見てきたように、創造と深く結びついているため、科学的な考え方と思われにくく、ものごとを理解する行為とも捉えられていないようである。しかし、図3‐6に示したように、分析と構成が対をなしていることがわかると、こうした固定観念が崩れるのではないだろうか。創造もまた、科学的に理解するということと隣り合わせの行為であるとわかってくるだろう。デザイン思考には、このように、一般的な科学的思考法に対する固定観念を打破する効果もあるのである。田浦（二〇一八）は、構成と分析の違い、およびイノベーションにおける構成の重要性を、詳細に説明している。

前出の「冷蔵庫が外から開く家」も、構成の発想に基づくプロトタイピングであるといえる。宅配便の再配達問題をなんとかしようとして、それを分析してしまうと、「居住者が不在」「配送時間が限定的」といった要因が抽出されることになるだろう。これらを解決するアイデアとしては、たとえばスマートフォンで居住者とリアルタイムに通信できるシステムなどが導かれがちである。しかし、現実にはこういったシステムがうまく機能しないからこそ、再配達が激増しているわけである。そこで、再配達の発生という事実を分析せず、その丸ごとをありのままの要因と捉えて、他の要因（ここでは、冷蔵庫やワードローブなど一般的には玄関に配置されていない家電・家具）と、構成する。そうすることで自然に、写真のようなプロトタイピングに結実するアイデアが生まれてくるのである。

構成的発想によるアブダクションの事例

実務におけるプロトタイピングは、新規プロジェクトとして市場に出現することも多いと前述した。ここで、構成的発想によるアブダクションが強く示唆されるプロトタイピングの実際例を、いくつか見てみることにしよう。

あまり意識されていないが、じつは構成的発想によるアブダクションが成功した結果、社会で便利に使われているというサービスは少なくない。一例として、通勤時間帯の電車などにおけるツイッターの使われ方をあげることができる。東京・大阪ほか日本の巨大都市で、事故や天候などの影響から電車に遅延・運休が生じたとき、乗客は自らの知りえた経過や見通しに関するリアルタイム情報を、ハッシュタグ（#）機能を使って頻繁に交換する。ツイッターのつぶやきが、公共交通機関の運行状況を知らせる速報メディアとして定着している。

これはツイッター社が意図的に開発した利用法ではない。したがってデザイナーも関与してはいないが、典型的に構成的な解決策である。交通インフラにおける異変を、移動の最中にいる利用者に告知するというのは、分析的な発想だけで考えると、情報提供の範囲・正確性・速度などの点で、困難の多い課題である。ならば、そもそもの事故を減らそうと、原因を細分化し、さかのぼって対策を講じても、遅延・運休を完全になくすことは難しい。このように鉄道会社にとっては厄介な問題が、SNSの普及、ユーザーの自律分散的な受発信といった要素が加わることで、ある程度構成的に解決されてしまったというのが、この事例なのである。

こうした利用法は、日常的に運行本数も乗客数もきわめて多く、しかも原則的にはダイヤが正確であるという環境下における、想定外への対応として、自然発生的に発明されたものであろう。しかも、これが常にすべての問題を解決できているわけでもなく、どういったキーワードにハッシュタグが付けられるか次第で、的確な情報共有がされたりされなかったりしている。とはいえ全体としてはおおむね満足な結果がもたらされていることも事実で、だからこそ生活者に広く浸透したのである。アブダクションの繰り返しといえる。

ほかにも興味深い事例がある。アサヒビールが二〇二一年に発売した「アサヒスーパードライ生ジョッキ缶」も、構成的発想によるアブダクションの成功例だと筆者は考えている。従来、生ビールをジョッキで楽しむためには料飲店に行くしかなかった。しかし二〇二〇年からのコロナ禍によって、料飲店に厳しい営業規制が課される時期が続き、それが難しくなってしまった。分析的に考えると、なぜ家庭では料飲店のようなジョッキの生ビールを飲めないのか、それは生ビールサーバが設置されていないからだ、という問答にいたりそうである。そこから導かれるのは、なんとかして家庭用にミニビールサーバを普及させよう、という解決策であろう。しかし、容易に想像できるように、いくら生ビールをジョッキで飲みたいからといって、ビールサーバを自宅用に購入する人が、そこまでたくさんいるとは思えない。ビールの再充塡問題も発生する。実際、以前からサブスクリプション式の家庭用生ビールサーバなどは各社で試みられていたものの、大きく普及する気配はなかった。

アサヒビールは、この積年の課題を、従来の缶ビールの形状を改良するという「目から鱗が落ちる」ような方法で、一気に解決してしまった。缶ビールの口径全部を開放するようにして飲み口を拡げ、缶の内側には細かい突起を施すことで、開けた瞬間に泡があふれるように盛り上がる機能を付けた。これにより、ジョッキで生ビールを楽しむのと同じ醍醐味を提供したのである。

缶の口径全部を開放するという技術は、以前から缶詰商品に用いられており、何ら目新しくはない。缶の内側に細かい突起を施すというのはシャンパングラスからヒントを得たそうだが、技術的に難しいことではない。したがって、この場合、重要なのは技術ではなく、発想の転換であったことは明白である。生ビールをジョッキで楽しむという行為を分析してしまわずに、缶ビールを店頭で買うという現状を丸ごと要因pと捉え、そこへ要因q・要因rとしていくつかの既存技術を加えるという、構成を行ったのである。そうすることで、まるでジョッキのように飲める缶の生ビールという、世界初の商品をつくり出した。消費者がこれをジョッキ生の代用品として受容するだろうというのは、まさにアブダクションであり、的中するかは未知数なので、試しに売り出してみることでしか確認できない。そして結果的には発売早々に品切れが続出という望外の大成功となった。

ひとたび成功してみれば、成功の原因要素も思い当たるようになる。従来、ジョッキで生ビールを飲む楽しみについては、「透明なジョッキに注がれる琥珀色のビールと泡の美しさだ」「ビールサーバからジョッキに注ぐ人の技術だ」「缶ビールの缶臭さがないことだ」などと、さまざまな原因要素が主張されてきた。今だからわかるのは、こと家庭用に関していえば、これらは本質的な要素ではないということである。大事なのは、「グラスに注ぐことを前提につくられている缶ビールの飲み口に不満を感じながらも、実際には缶に口をつけて飲んでいる消費者が多かった」という事実である。それが家庭でビールを飲む楽しみを阻害していたことを、今なら当然のように理解できる。こんな簡単なことになぜ気づかなかったのかと不思議に思えるほどだ。これが、図3-5で示した代替解釈（原因要素の付け替え効果）である。

別の世界的な成功例としては、ダイソンがあげられよう。今や世界中で一番人気の掃除機ブランドになっているダイソンは、いつもリビングに置いておいて小まめに掃除してください、という使い方の提案までしている。ダイソンが登場する前まで、掃除機は、人目につかない納戸などで埃をかぶっているのが普通で、使うときだけ嫌々持ち出されるという商品だった。したがって、デザインはなるべく目立たず、駆動音は静か、フィルタ交換は年一～二回で済むといったことが重視されていた。つまり、可能な限り低関与が目指されていた。

ところが、ダイソンの掃除機はまるで正反対である。目立つデザインで、普段からリビングに置いておける。駆動時はかなりの音がして、いかにも「いま掃除したな」という使用感を伝えてくる。ゴミタンク部分が透明になっているので、ゴミが溜まるとすぐ捨てなければならない気にさせられる。つまり、なるべくユーザーが高関与でいることを要求してくる。

これは、掃除という行為を分析的に捉え、課題を細分化して個々に解決しようとする発想を脱し、むしろ別の要因（道具を所有する楽しみや、道具への愛着）を追加して、構成をした事例といえる。この構成によって、掃除自体が嫌々する家事ではなく、楽しんでする家事に変わったという意見もある。このアブダクションが成功したことで、「部屋を綺麗にすることは、そもそも嫌なことではなく、むしろ喜びであった」という原因要素に、後から行き当たるわけである。いわば当たり前のことでもあろうが、従来の掃除機はそれを見落としていたということである。これも原因要素の付け替え効果である。

ダイソンの掃除機の成功は、その後、あらゆる家電に影響を与えたとされる。家電は家事の省力化のための道具であると分析的に捉えるのが支配的だった従来の状況に対し、ダイソンは、家電は家事を楽しむための道具であるという新しい仮説を示した。このとき、もはや省力化は大きな問題にならず、家電によって家事の手間が増えることすら厭わない可能性さえ生じる。そして家事をすることが生活の喜びにつながるのであれば、その喜びの享受をサポートする道具を提供しようというのが、自然な発想ということになるのである。

第五ステップ「テスト」

デザイン思考の最後、五つ目のステップは、既存の社会実装やテストマーケティングなどの概念に近いので、ここでは詳細な説明を省く。重要なのは、テストした後、ユーザーからのフィードバックをもとに改良点を見つけ出し、第二ステップの問題定義に立ち戻って、同じプロセスを何度も繰り返すことである。

なお、改良点を洗い出す過程においては、分析的な思考も有効な場合がある。そうした場合には第四ステップのプロトタイピングに戻ればよい。新商品開発の実務におけるプロトタイピングは、そのようにして実行されていることが多い。

デザイン思考の普及とデザインの民主化

以上で、デザイン思考のプロセスを概観するとともに、その考え方の何が特徴なのかを議論した。このようなデザイナー特有とされる思考方法は、今まで、デザインに関する専門教育を受けた人や生まれつき才能に恵まれた人だけが会得しているノウハウだと思われてきた。しかし、デザインという行為を広くビジネスにまで普及させていくには、この暗黙的なノウハウを一般化して、企業人に幅広く共有してもらうのが効果的である。そのための枠組みこそが、デザイン思考なのだと位置づけられる。デザインというと成果物だけに目を奪われがちであるが、デザインが生み出される過程も「見える化」しようというのが、デザイン思考の基本コンセプトである。

この枠組みは、デザイナーの外にもそのノウハウを開示することにつながるので、「デザイン行為の民主化」などともいわれる。そのため、職業人としてのデザイナーは、多くがデザイン思考の普及にあまりよい印象を持っていないという。デザイン思考だけでは本当によいデザインは生み出せないと公言する、著名なデザイナーや研究者も少なくない（由田、二〇一二、Verganti, 2009）。おそらく、そうした意見は正しいであろう。万人向けにつくられた理論によって生み出されるものが、優れた才能が発揮された唯一無二の高度な創造活動に勝てるはずもない。

しかし、それでも筆者が、日本のビジネスにはデザイン思考の普及が決定的に重要と考えていることは、これまでも繰り返し述べてきた通りである。では、現時点で、日本企業におけるデザイン思考の普及度合いはどのくらいなのだろうか。企業単位の調査等では、すでに相当数の企業が、デザイン思考に少なくとも触れたことはあったり、活用したりしていると報告されている

（永井、二〇二一）。しかし本当は、従業員一人一人に考え方が浸透していなければ、真の経営改革は実現できない。筆者は二〇二〇年、国内企業に勤務する八二七名を対象に、従業員単位でデザイン思考の浸透度を調査した。以下で結果を見ていこう。

図3‐7は、従業員レベルで見たデザイン思考の認知率である。残念ながら、「よく聞いたことがある」「聞いたことがある」の合計でも二三・九％にとどまっており、言葉すらほとんど聞いたことがないという人が過半を占めている。これが日本社会の実態というべきだろう。図3‐8は、理解率の調査結果である。デザイン思考の内容を「知っている」と答えたのは、五％にも満たない。図3‐9では、活用経験を尋ねている。実際に自身の本業で「よく活用する」あるいは「活用する」と答えたのは、理解率をさらに下回り、わずか四％ほどである。「全く活用しない」とする回答が、企業規模にかかわらず約六〇％にのぼっている。総じて、普及はまだ始まったばかりというべき状況である。

しかし、普及の予兆が感じられる結果もなくはない。図3‐10は、回答者の所属企業において、自部門・自部署以外ではデザイン思考が活用されているかを質問した結果である。これによれば、大企業と中企業においては他部署での活用事実があるとの回答がやや高い。ここにはおそらく、自社内のデザイン関連部署がデザイン思考を活用しているのを見聞きしたケースが含まれていると推察される。インハウスのデザイン関連部署から徐々に、デザイン思考の活用が始まっている

図3－7　デザイン思考の浸透度調査（1）

あなたは「デザイン思考」という言葉を聞いたことがありますか。

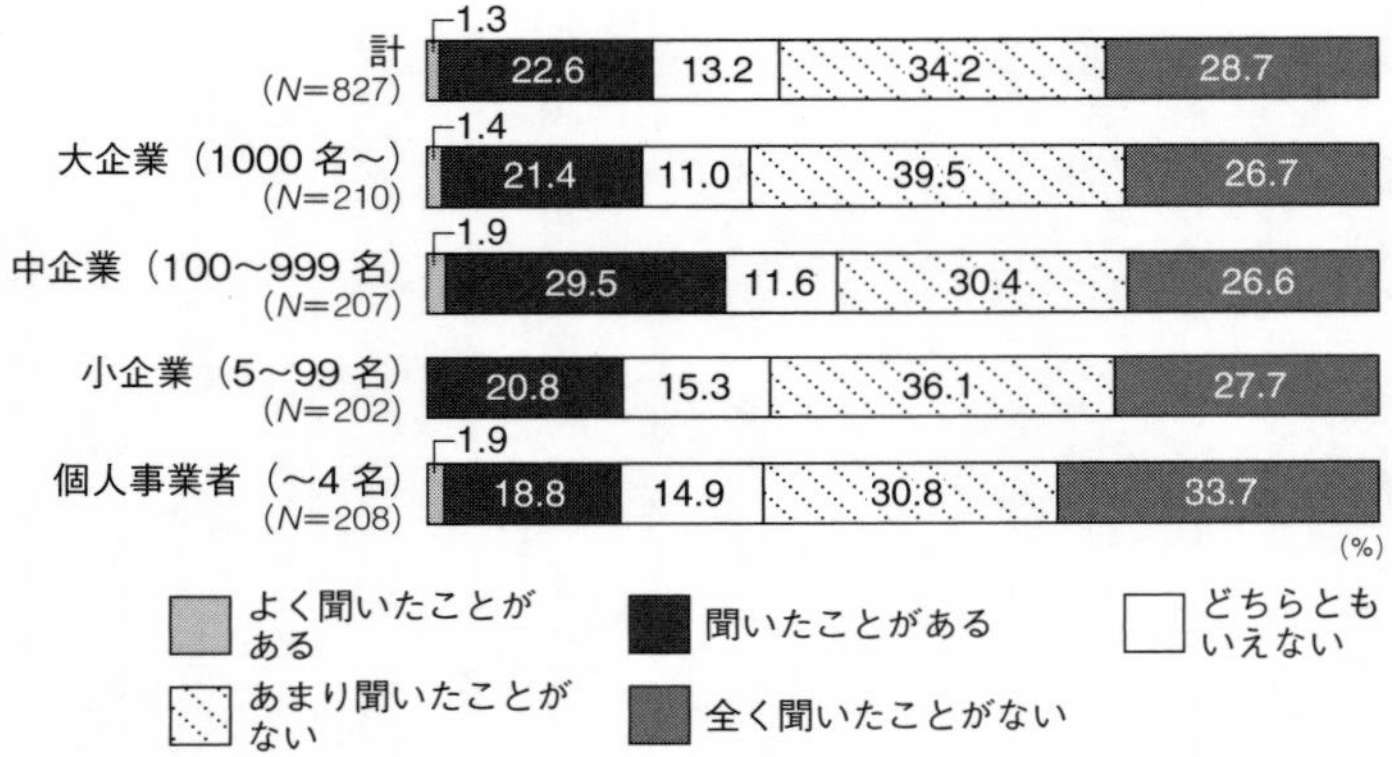

図3－8　デザイン思考の浸透度調査（2）

あなたは「デザイン思考」の内容について知っていますか。

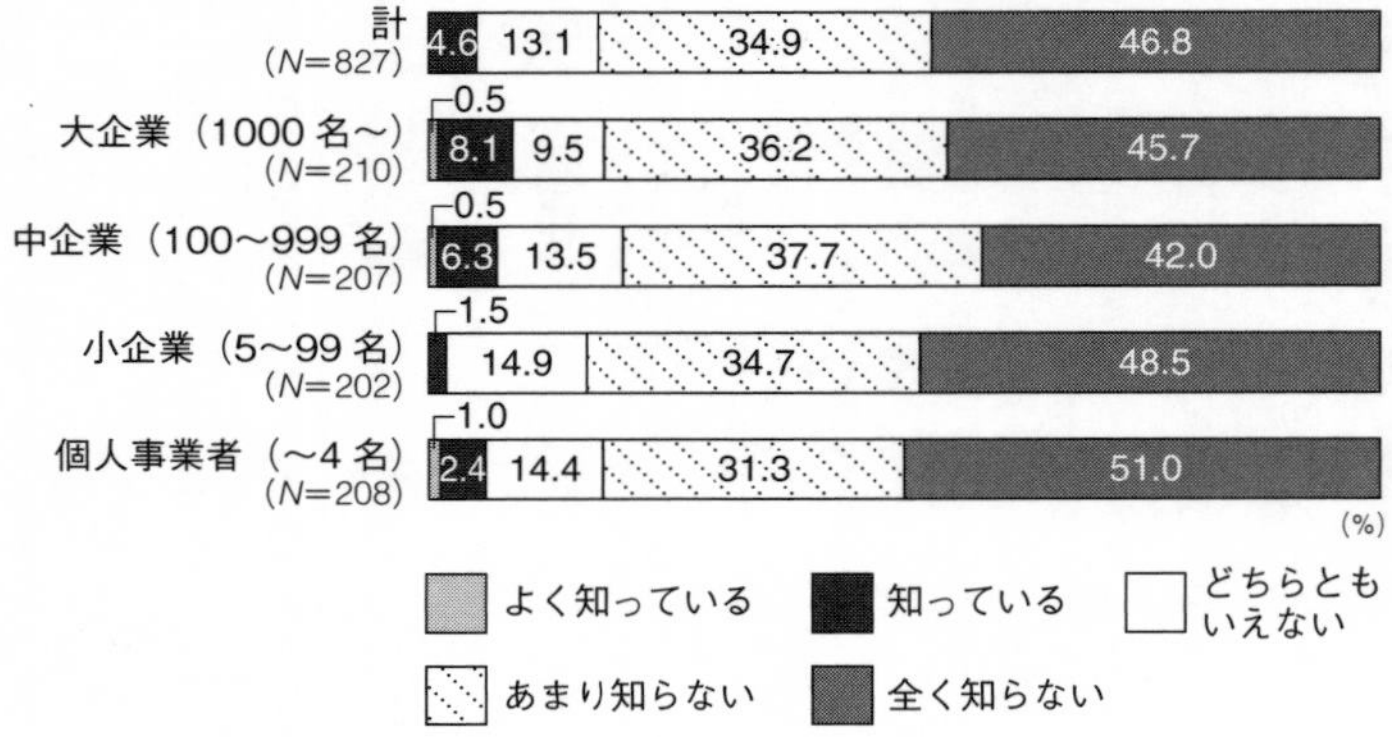

図 3－9　デザイン思考の浸透度調査（3）

あなたは「デザイン思考」を，
あなたご自身の本業実務で活用したことがありますか。

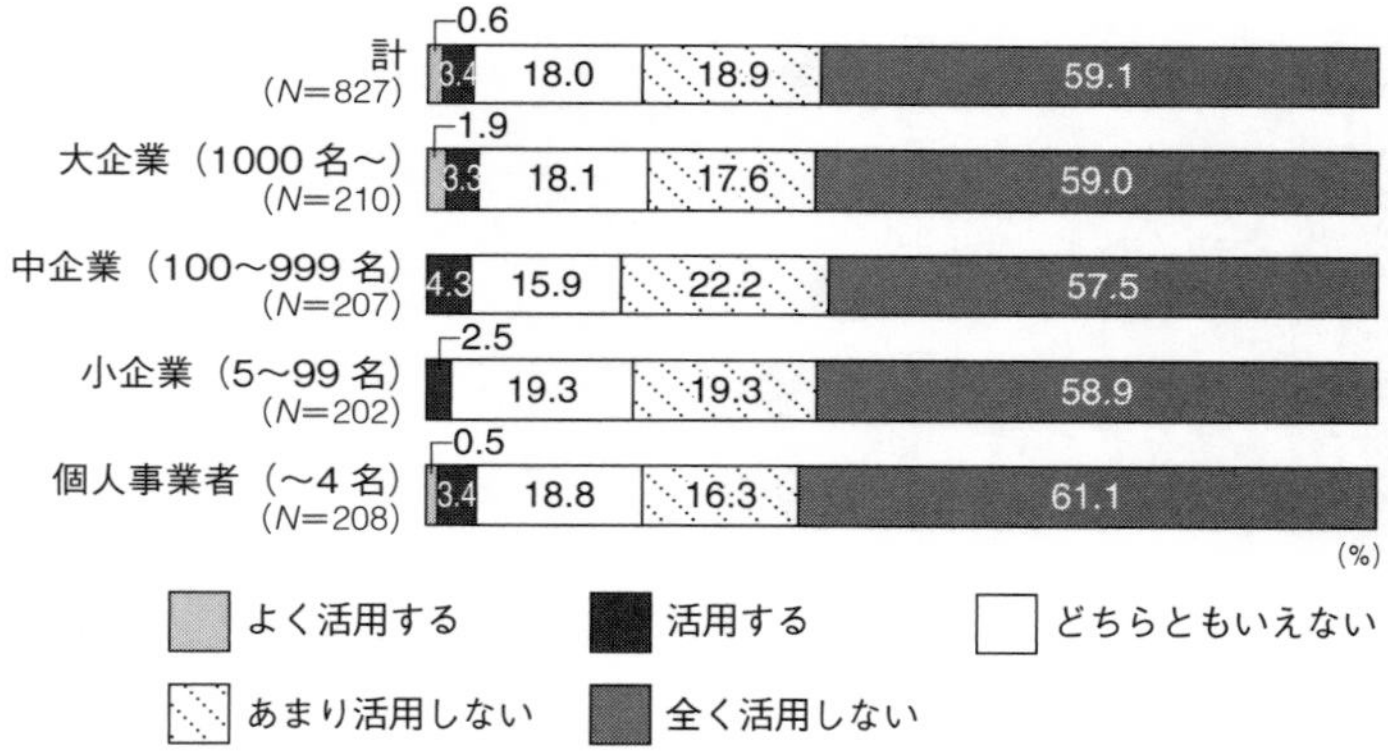

図 3－10　デザイン思考の浸透度調査（4）

あなたがお勤めの企業で，あなたが所属する部門部署以外のどこかで
「デザイン思考」が活用されている事実はありますか。

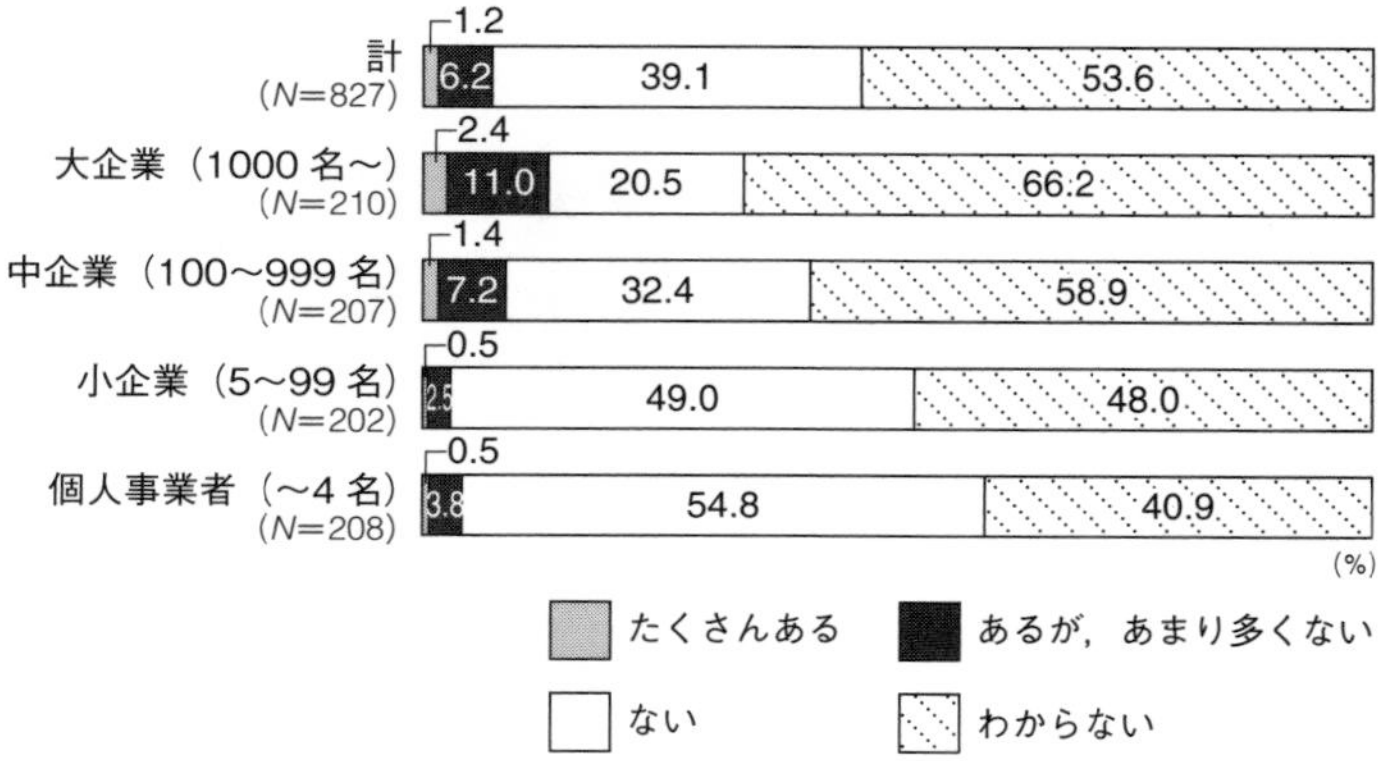

図3－11　デザイン思考の浸透度調査（5）

あなたがお勤めの企業で，「デザイン思考」の活用に対して，
拒否反応を示す人がいますか。

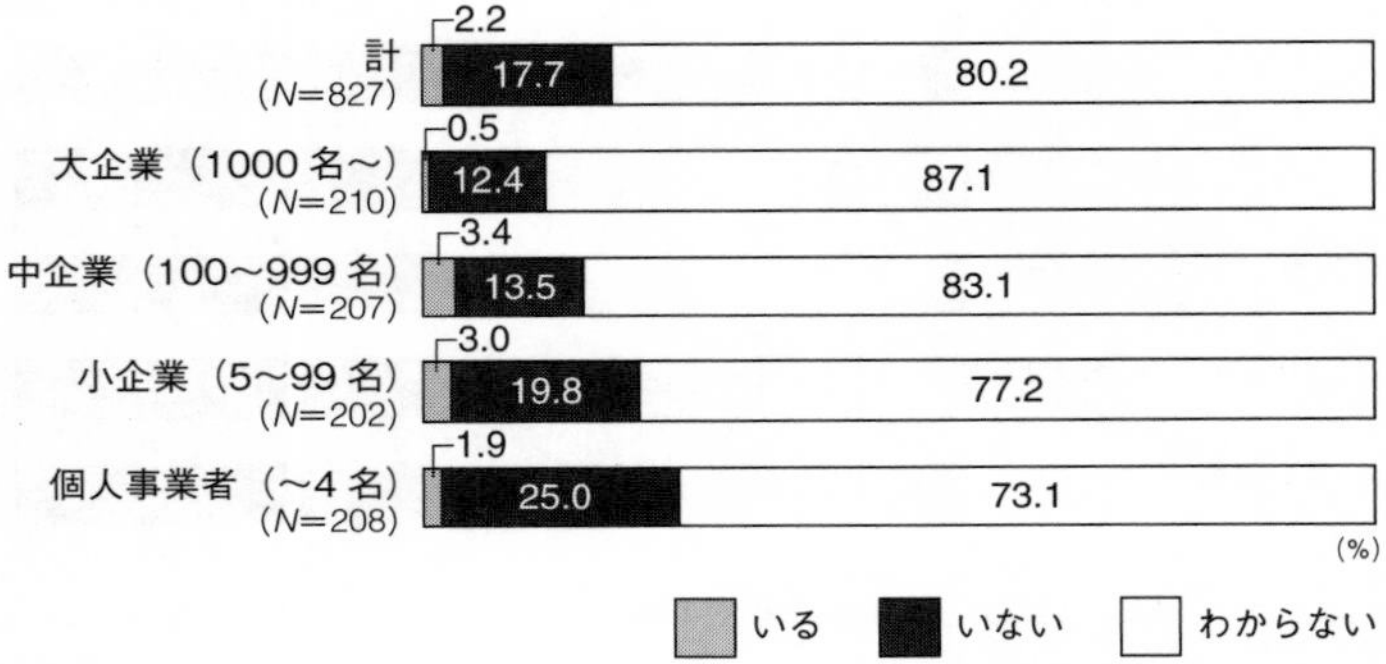

可能性が考えられる。ただ、反対にいうと、この結果は、現段階ではデザイン思考はデザイン関連部署にしか普及していないということを示してもいそうである。

図3－11は、デザイン思考に拒否反応を示し、普及を妨げるような人が社内にいるかという質問への回答結果である。大部分が「わからない」であったものの、明確に拒否反応者がいるとした回答がきわめて少ないことも確認された。ここから推察されるのは、デザイン思考は拒否されているから普及していないのではなく、単にまだデザイン関連部署にとどまっていて普及の輪が拡がっていない状態にあるということである。

調査ではさらに、デザイン思考を実際に活用した経験がある人だけを対象に、その効用について質問した。サンプルサイズは小さいが、結果を見

ていこう。図3－12は、デザイン思考の活用によって、本業実務の質が向上したかという質問への回答結果である。肯定的な回答が多く、とりわけ大企業と中企業では過半数を超えた。ただ、小企業や個人事業者における傾向は明確ではなかった。図3－13は、同様にデザイン思考の活用によって、本業実務の案件数の増加（量的拡大）があったかどうかを示す。興味深いことに、小企業において「少し増えた」とする回答が多かった。反対に、大企業・中企業ではあまり明確な寄与が見られなかったようである。図3－14は、本業実務のスピードが向上したかである。これについても、小企業で向上した（「とてもあがった」「少しあがった」）とする回答が目立った。図3－13と図3－14の結果を総合すると、小企業の一部に、デザイン思考を用いてスピードを上げ、新規ビジネスを多く獲得できている企業が存在するようだ。推測に過ぎないが、小規模なデザイン会社やウェブサイト制作会社、あるいはマーケティング企画会社などではないかと思われる。

最後に図3－15は、本業の金銭的付加価値（プロジェクト対価など）が向上したかの結果を示す。中企業に向上した（「とてもあがった」「少しあがった」）とする回答が多かった。中企業群には、いわゆる大手企業の下請けも多く、一般的にはコストカット要請によって金銭的付加価値の削減を余儀なくされるケースが少なくない。デザイン思考を導入すると、そのようなコストカット要請をうまくかわせる可能性があるのかもしれない。

図3－12　デザイン思考の浸透度調査（6）

「デザイン思考」の活用によって，本業実務の質はあがりましたか。
（「デザイン思考」を活用したことがある人にお伺いします）

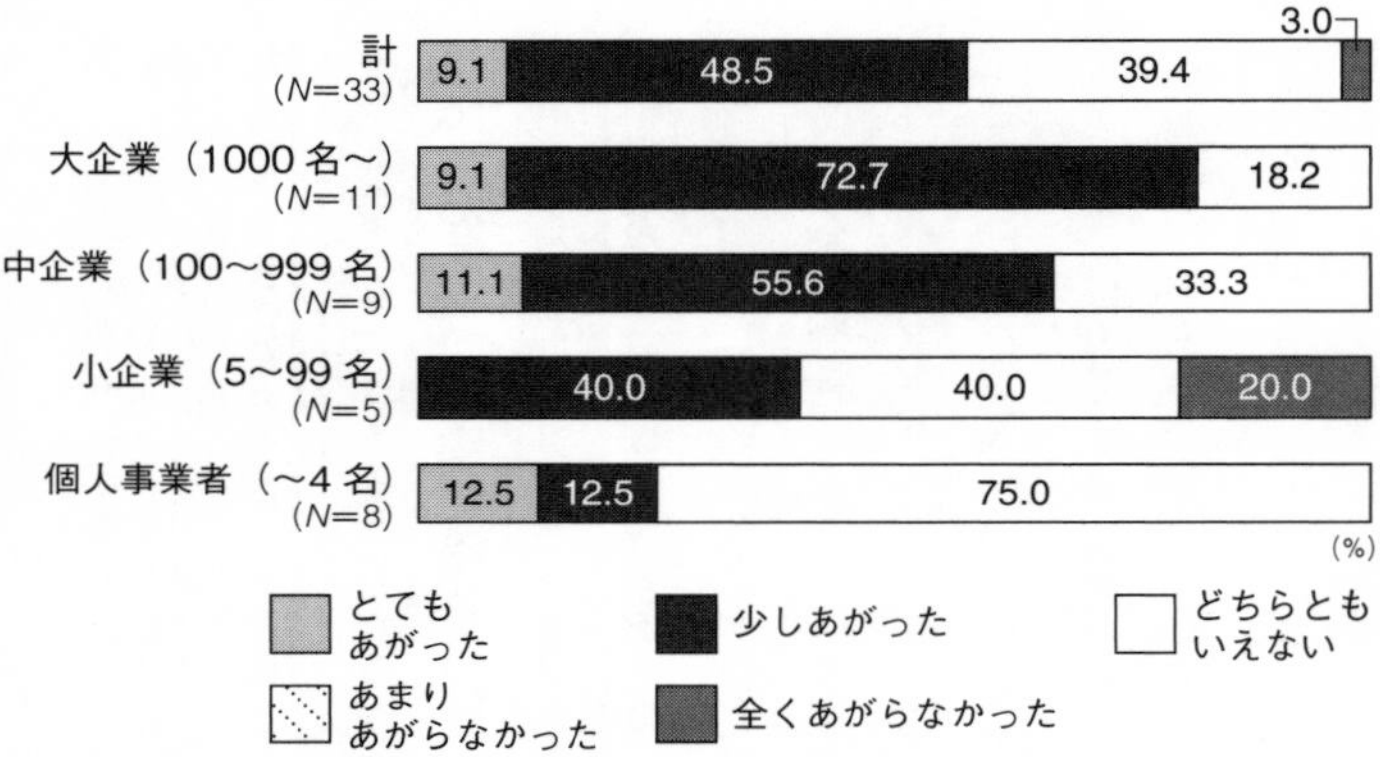

図3－13　デザイン思考の浸透度調査（7）

「デザイン思考」の活用によって，本業実務の案件数（受注数やプロジェクト数）は増えましたか。（「デザイン思考」を活用したことがある人にお伺いします）

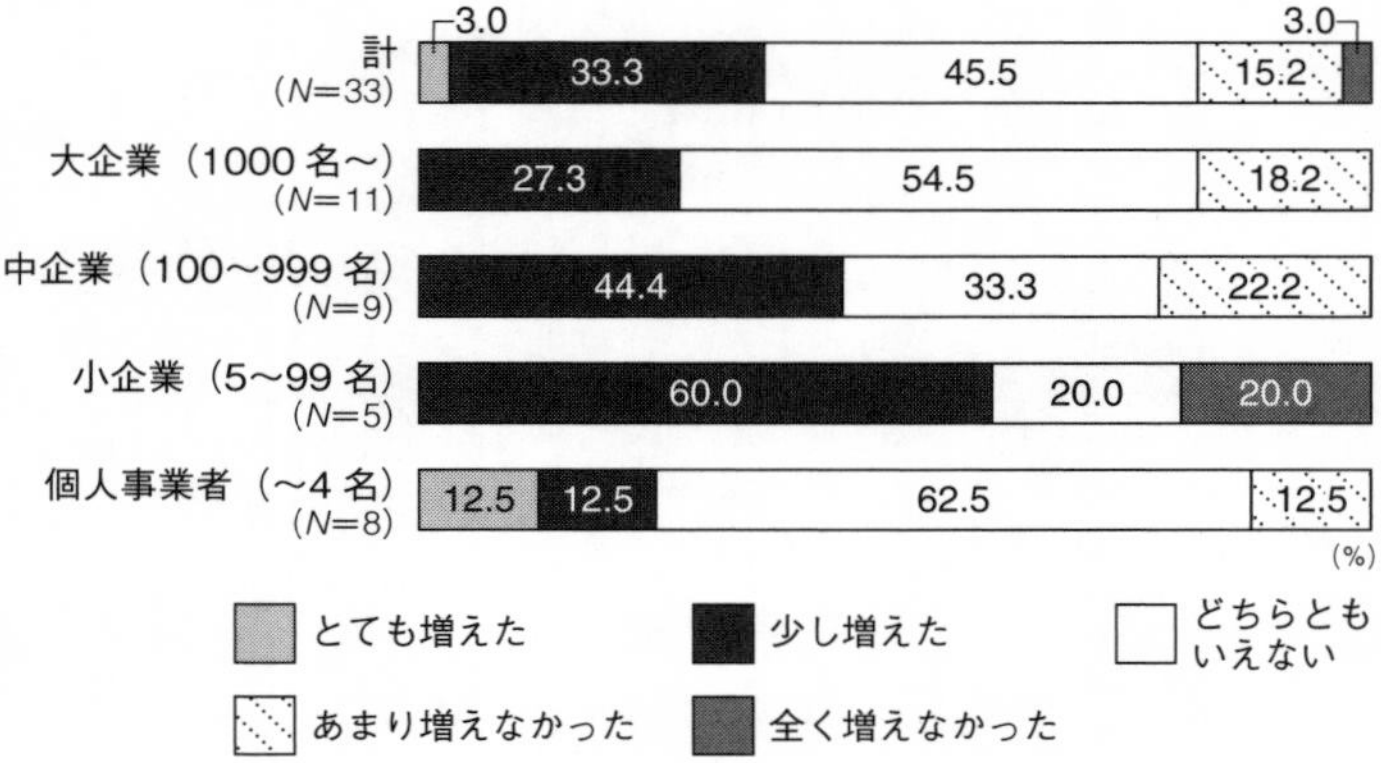

図 3－14　デザイン思考の浸透度調査（8）

「デザイン思考」の活用によって，本業実務のスピードはあがりましたか。
（「デザイン思考」を活用したことがある人にお伺いします）

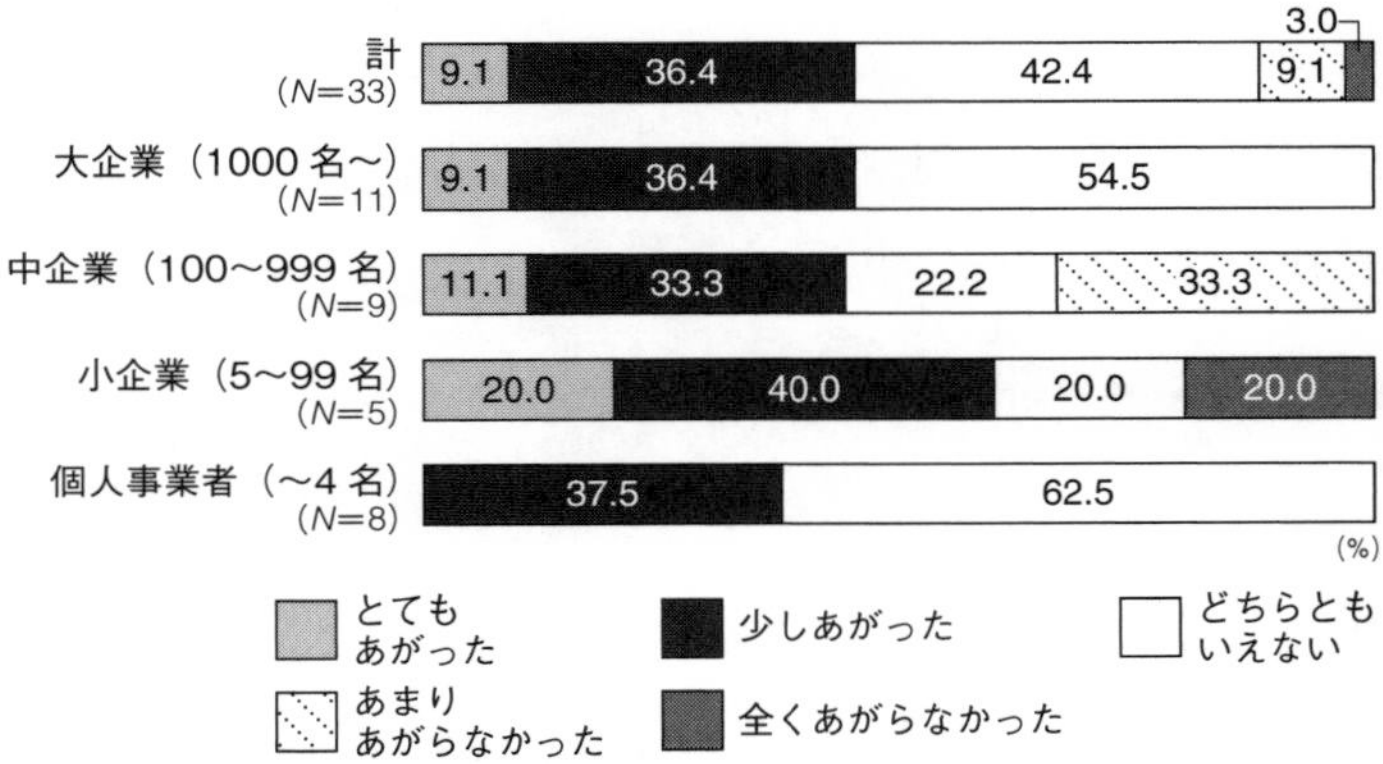

図 3－15　デザイン思考の浸透度調査（9）

「デザイン思考」の活用によって，本業実務の金銭的付加価値（プロジェクト対価など）はあがりましたか。（「デザイン思考」を活用したことがある人にお伺いします）

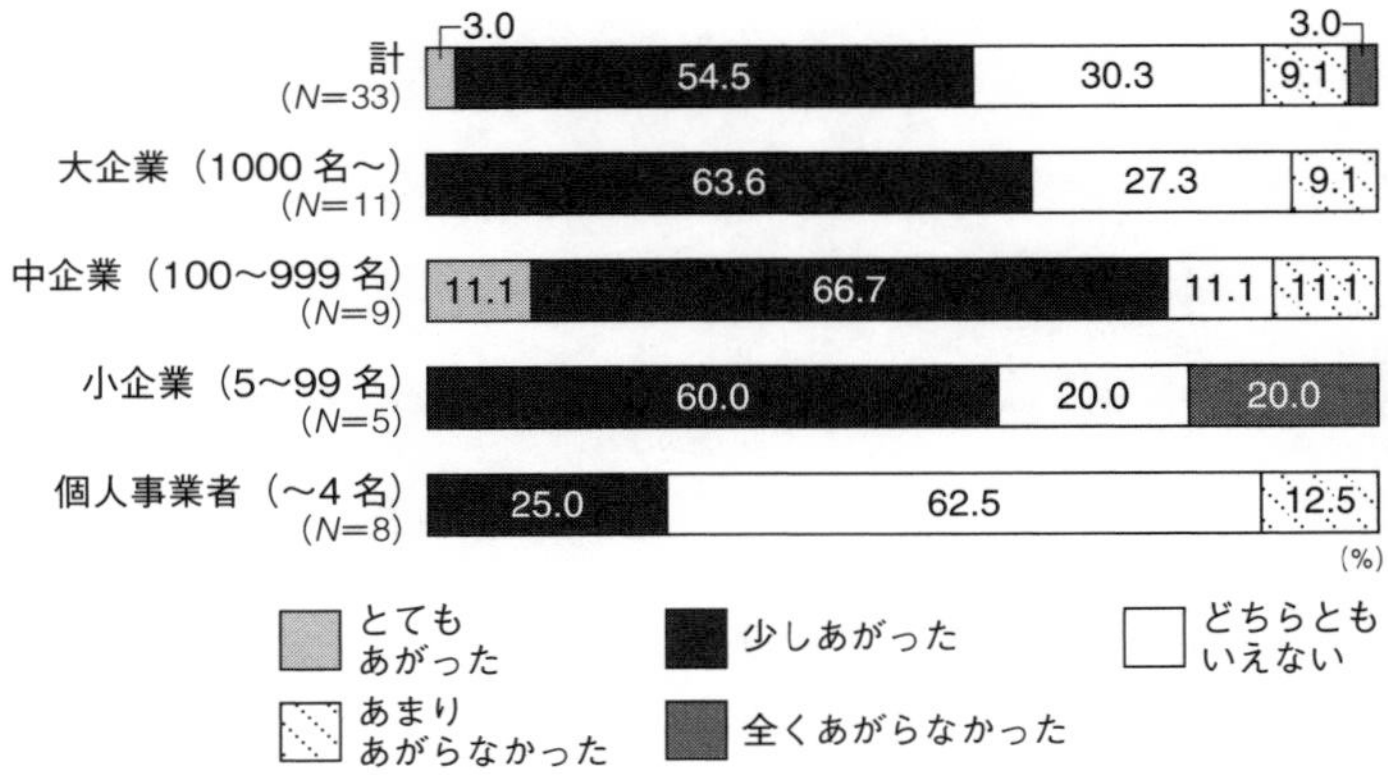

デザイン思考と生産性・創造性

前項で紹介したように、従業員にデザイン思考が普及しているかどうかは、企業が組織としてデザイン思考を導入したかどうかとは、様相を異にしている。企業レベルについての既存の調査結果と、筆者による今回の調査結果には、大きな隔たりがあるといわざるをえない。企業レベルの導入とは、その多くが、いわゆるデザイン部に所属するインハウスデザイナーたちの活動に限られたものなのかもしれないのである。それでは広義のデザインへの理解は進まず、デザイン経営も実現しないだろう。つまり、従業員一人一人がデザイン思考を導入するメリットを実感しない限り、従業員レベルにまでデザイン思考を浸透させるのは難しいと思われる。

そこで、デザイン思考の利用が、自分の専門性にとってプラスと思うかどうかを質問した結果が、図3-16である。これを見ると、導入にメリットを感じない層のほうが、感じる層よりも若干多いという状況にあることがわかる。続く図3-17は、デザイン思考の導入で自社の競争力が高まると思うかへの回答である。これも、前と同様、プラスと思う層よりも、思わない層のほうが、やや多い。企業規模別では、どちらかといえば規模の大きい企業のほうにメリットを感じる

図 3－16　デザイン思考の浸透度調査（10）

「デザイン思考」は，自分の専門性を活かした業務遂行能力の向上にとって
プラスだと思いますか。

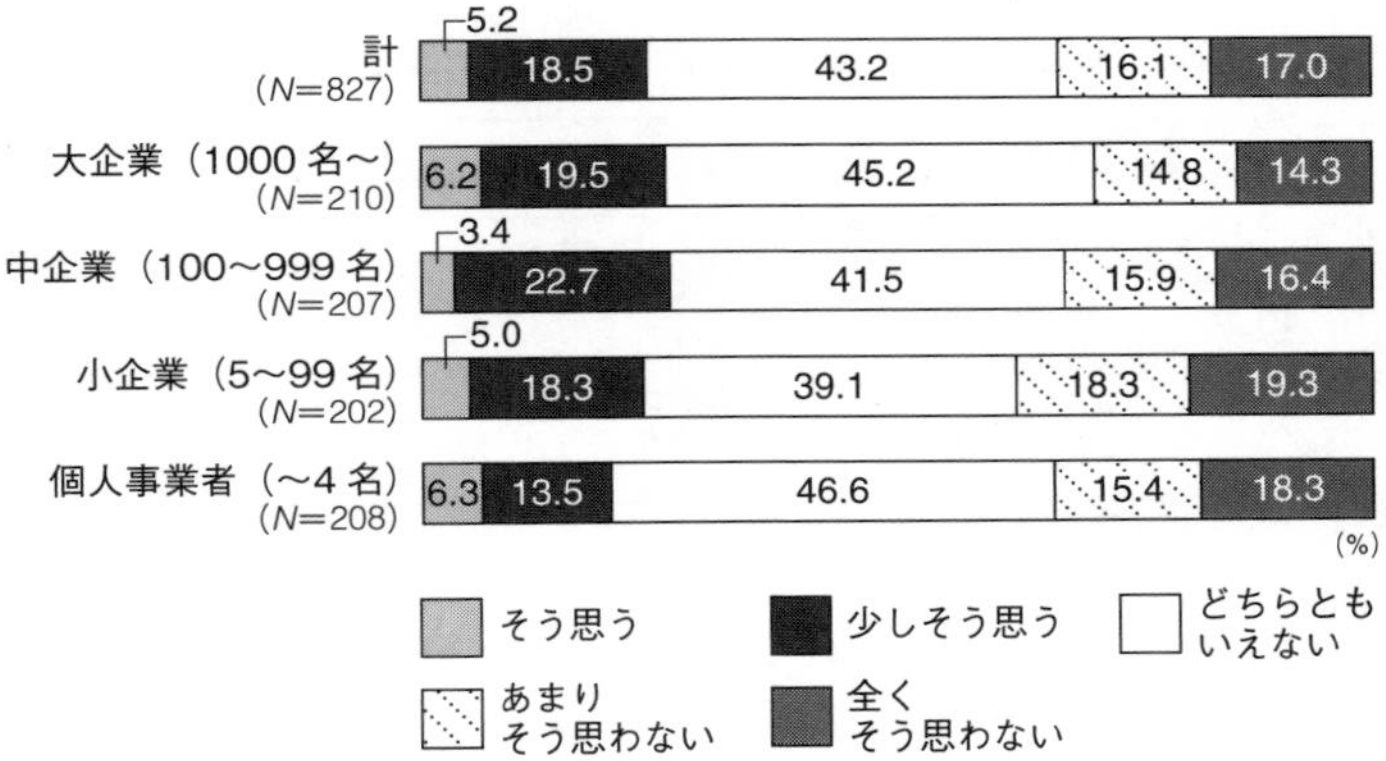

図 3－17　デザイン思考の浸透度調査（11）

「デザイン思考」は，あなたが所属する会社の競争力の強化にとって
プラスだと思いますか。

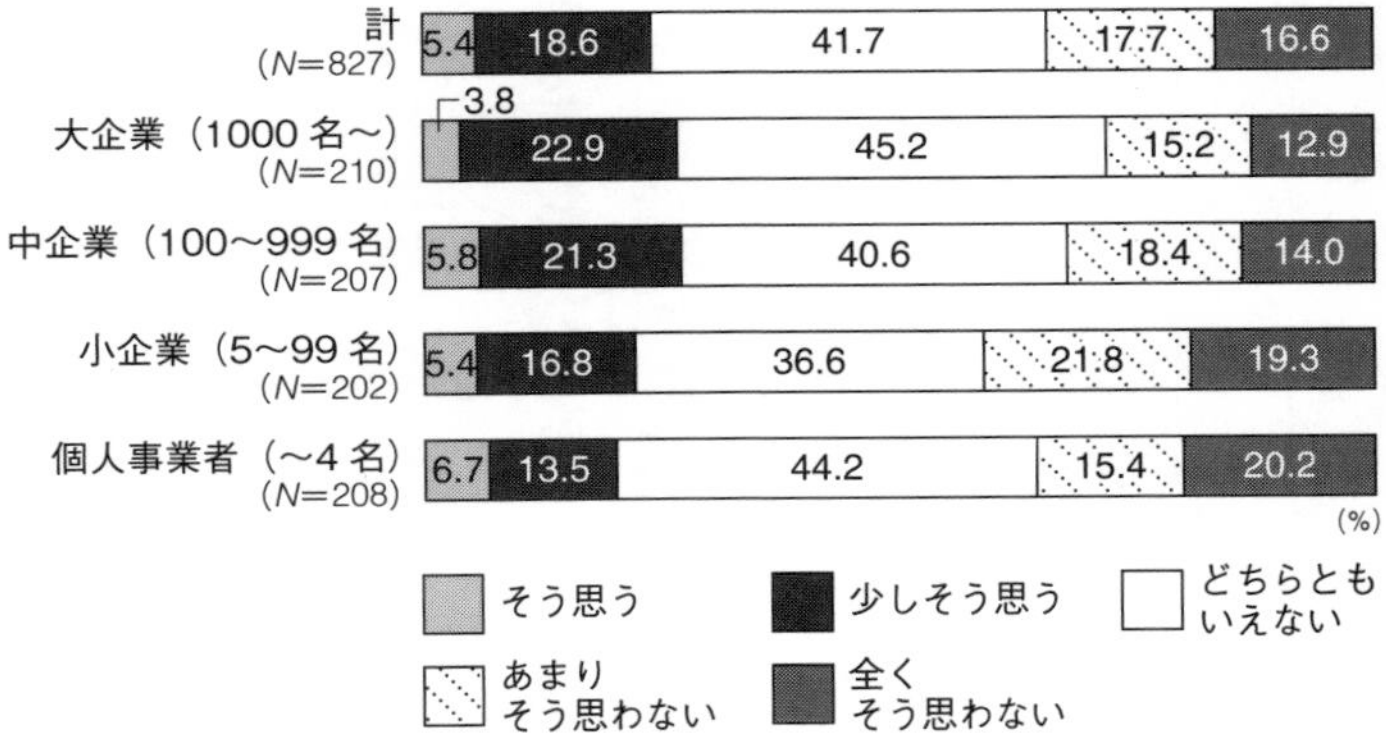

図3-18　デザイン思考の浸透度調査（12）

「デザイン思考」は，自分の専門性を活かした業務遂行能力の向上にとって
プラスだと思いますか。

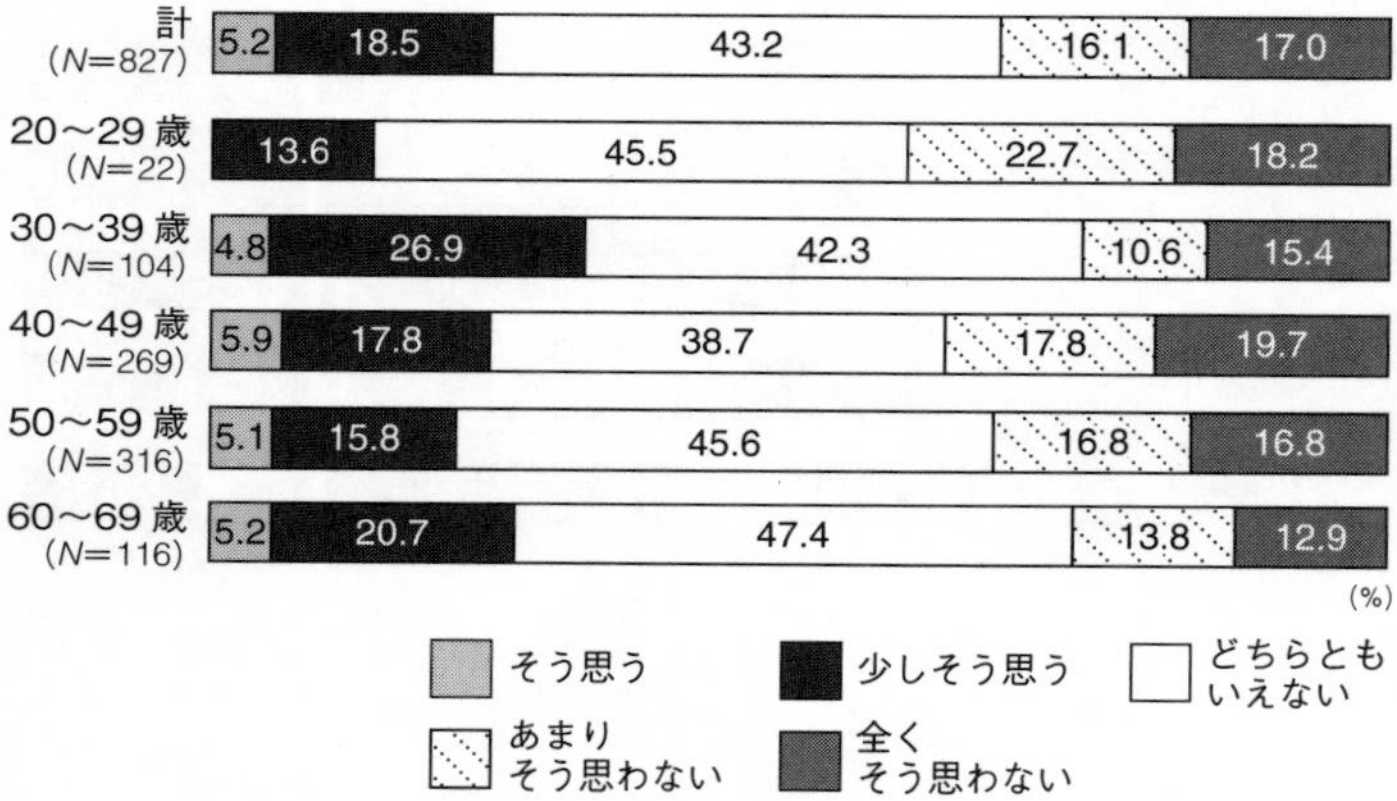

人が多い傾向があるようだ。残念ながら、これが日本の現実と受けとめなければならない。

この理由は何だろうか。そのヒントとして、図3-18と図3-19を見てみよう。これは、図3-16と図3-17の結果を、回答者の年齢層別に集計し直したものである。デザイン思考を自分の業務や所属企業にプラスに活かせると思う割合が、三〇代で高くなっていることがわかる。一方、四〇～五〇代、つまり一般に管理職世代と思われる従業員の評価は低くなっている。

三〇代といえば、一般的には現場主任クラスが多く、自らの業務の幅を拡げたいという欲求が高まる時期と考えられる。そうした従業員は、デザイン思考への期待が高

図 3－19　デザイン思考の浸透度調査（13）

「デザイン思考」は，あなたが所属する会社の競争力の強化にとって
プラスだと思いますか。

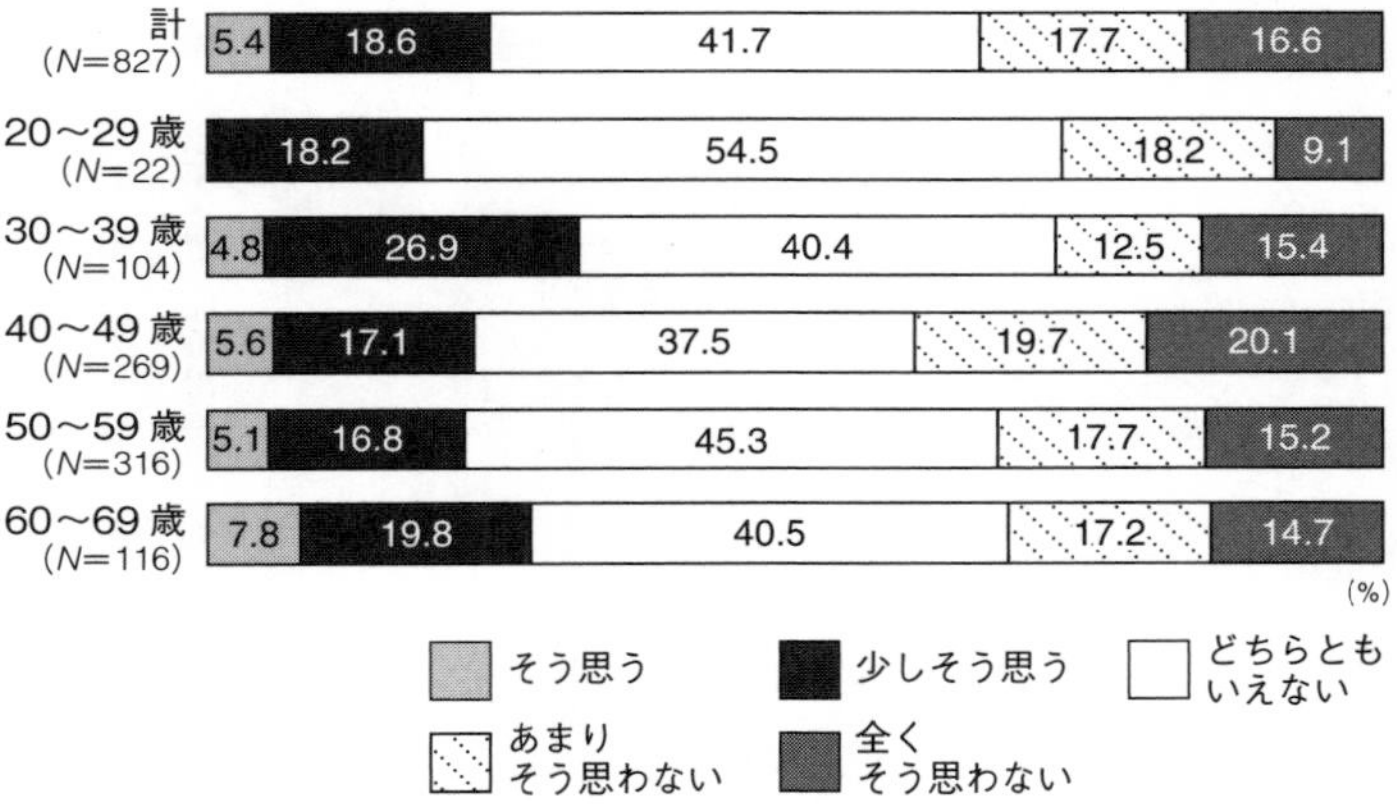

いのかもしれない。ところが年齢が上がり管理職になると、傾向としては、仕事の幅を拡げるよりも、手元の仕事の精度を高めるほうに関心が移っていく。そうした従業員にとって、デザイン思考は、デメリットのほうが大きいと感じられている可能性がある。興味深いのは、六〇代にいたり、管理職の任を解かれるころになると、再就職活動も影響してか、再びデザイン思考にメリットを感じる人の割合が増加する点である。総じていってしまえば、デザイン思考は、日本企業の管理職と相性が悪い。

これは、創造性と生産性の相反する性質に起因する結果と、筆者は考えている。日本語ではあまりピンとこないかもしれないが、英語で、創造性（creativity）と生産性

(productivity)は、明確に反対語という位置づけになっている。いま、日本企業は生産性が低すぎることを大きな経営課題と捉え、政府も働き方改革などを掲げて向上を促している。生産性の算出式は、簡単にいうと、分母が労働量、分子が付加価値である。単位当たりの労働量を減らせば、短期的な指標は改善する。だからこそ、働き方改革で残業の削減が目指されるのである。そして、少なくない日本の管理職が、この取り組みに巻き込まれている。

しかし、このような方法には、何か大切な視点が欠けているのではないだろうか。真に求められているのは、創造性の向上によってもたらされる生産性の改善ではないだろうか。分母を小さくするのに汲々とするのではなく、分子を拡大することを考えるべきである。そのためには、創造性の発揮こそが必要と筆者は考える。創造性と生産性は、反対語であるとはいえ、「正と負」というよりは、等式の「右辺と左辺」のような関係と捉えるのが望ましい。つまり本質的には同じものということである。

デザイン思考の導入は、従業員の創造性を高める可能性を有する手段の一つといえる。しかし、それによって視野が拡がると、ある意味「余計な」アイデアがたくさん生み出されるという結果にいたるかもしれない。残業を減らしたいとばかり思っていると、それはデメリットでしかないが、一方で創造性が高まる(つまり分子が拡大する)のであれば、管理職がデザイン思考を忌み嫌う理由はないはずである。

今後、人工知能やロボットのさらなる普及、デジタルトランスフォーメーション、そして「働き方改革」も、もっと進展していくであろう。そのような環境変化の中で、労働量を減らすというマイナス発想ではなく、付加価値を高めるというプラス発想に基づく生産性向上を志向する。それが、デザイン経営がものづくりにもたらしうる変化である。そうして、ほかの誰もつくらないような創造的な商品を、従来とはっきり異なる高価格を付けて売り出すということに、日本企業は勇気をもってチャレンジしなければならない。

このような発想の転換を促していくために、管理職や経営層の人材も積極的にデザイン思考を学び、企業戦略に創造性を回復させることの重要性を自ら感じ取ることは、非常に重要である。当然ながら、デザイン思考をデザイン部だけに封じ込めてはいけない。むしろ、これまでデザインとは縁がないと思われていたような部門・部署こそが、率先してデザイン思考を体験してみるべきだろう。

第4章　日本企業のデザイン軽視

デザイン軽視経営の実態

前章で、管理職や経営層の人材が積極的にデザイン思考を学ぶ必要性を説いたが、実態はどうなのだろうか。筆者の見るところ、残念ながら日本の企業経営者は、デザインという要素を軽視してきたといわざるをえない。たとえば、インハウスデザイナーがさまざまなイノベーションのアイデアを提案しても、経営者がそれを全社方針として採用することは稀である。同じような提案が、社内の技術者やマーケターから提案される場合よりも、消極的に受けとめられることが明らかに多いようである。その理由は何だろうか。筆者自身が国内のデザイナーに対して二〇一三年に実施した調査（五三四サンプル）によると、図4-1にあるように、デザイナーが提案したイノベーションのアイデアが経営者に却下される理由の第一位は「コストがかかりすぎると判断された」（五〇・五％）で、二位以下を大きく引き離す結果であった。

筆者は、経営者の多くがデザインという要素をコスト削減の対象にしてきたことが、この原因だと分析している。企業は、業績が厳しくなると、無駄な出費を抑えたり、取引先との関係を見直して原価削減を試みたりするものであるが、デザインも無駄の一つだと考える経営者が多いの

図４－１　デザイナーが提案したイノベーションのアイデアが経営者に却下される理由

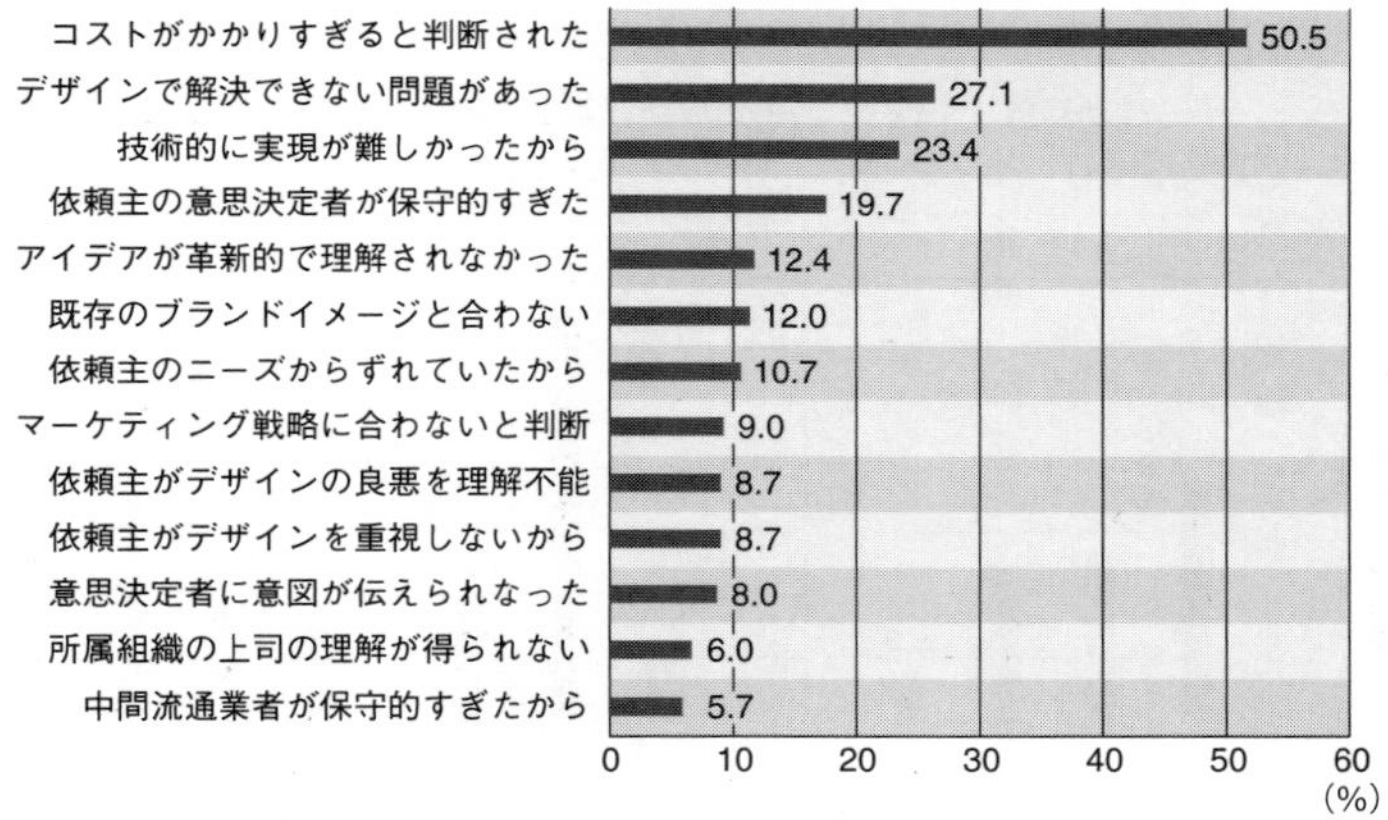

だと思われる。たとえば、新商品開発で厳しいコスト削減をしなければならない際に、「新機能の実装を一つ諦める」「販売促進経費を縮減する」というような選択肢と比較して、「よりよいデザインを実現するための工程を一つ諦める」ほうが選択されやすいということだ。

図４-２は、図４-１と同じ調査において、デザイナーに対し、「イノベーションの実現を試みたが失敗した経験があるか」「実際にイノベーションの実現に成功した経験があるか」を質問した結果である。まったく同じ質問を、アメリカと中国のデザイナーに対しても実施した結果と、比較できる形にまとめてみた。

ここから、日本のデザイナーが、イノベーションの実現という視点で見たときに、いかに軽視されているかが浮き彫りになっている。アメリカと

図4－2　日米中デザイナーのイノベーション成功／失敗経験

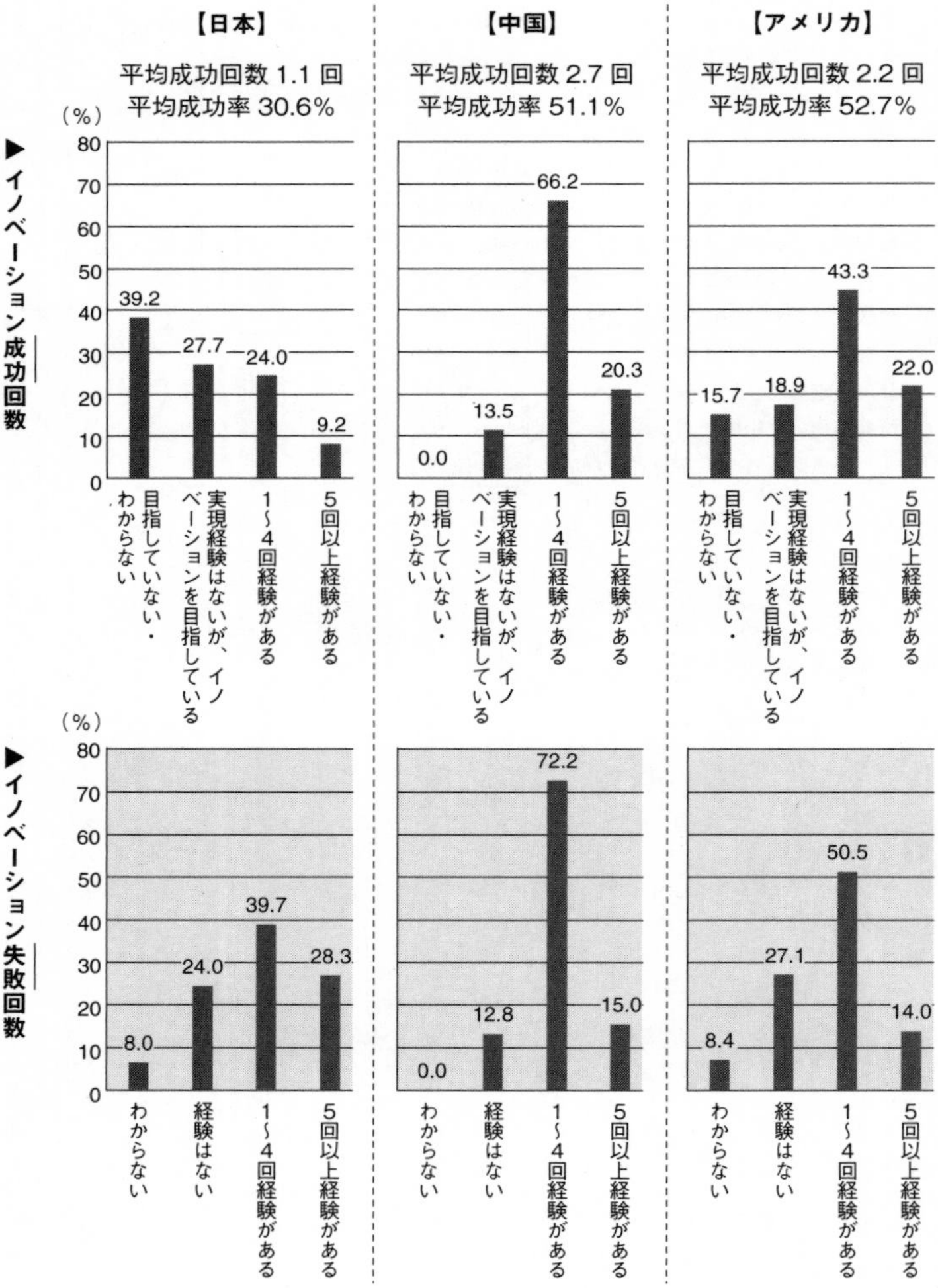

中国では、イノベーションの実現に成功した経験数の分布と、実現しようとして失敗した経験数の分布が、ともに正規分布（ベルカーブ）的であるが、日本だけは二つの分布の形が大きく異なっている。このような結果になっているのは、日本にだけ「(イノベーション実現を）目指していない・わからない」というデザイナーが三九・二％もいるからだ。その上、「実現経験はないが、イノベーションを目指している」とするデザイナーも二七・七％おり、二つを併せると全体の六割近くにものぼる。アメリカと中国で、このような現象は見られない。

こうした相違が、三国でのデザイナーによるイノベーション成功率、および平均成功回数にも、大きく影響していると考えられる。デザイナーがイノベーションの実現を目指した場合に、アメリカと中国では約五割の確率で成功するが、日本では約三割しか成功しない。また、一人のデザイナーが生涯で成功裏にイノベーションを実現できる回数にも、二倍以上の開きが出てしまっている。つまり、日本のデザイナーは、アメリカや中国と比べて、イノベーションの実現にうまく参画できていないと結論できる。この調査では、何を「イノベーション」とするか自体は回答者の判断に任せているため、三国のデザイナーそれぞれが、どのようなことを「イノベーション」と称しているかは判然としないが、少なくともそこに回答者本人の認識が反映されているのは間違いない。そうした結果に三国間でこれほどの差が出ているのを見ると、やはり日本がデザイナーにとってイノベーションを起こしにくい環境になってしまっていることは、どうやら間違いなさそうである。

このような現象の背景には、戦後日本企業の歴史があるのではないか。高度経済成長期に急激な技術革新で成功してきた日本企業の多くは、エンジニア人材を重用してきた。一般的に大企業の技術系人材は、学歴も高く、理詰めでアイデアを提案する能力に長けている。同様に、大企業に勤める会計分野やマーケティング分野の文系人材にも、データを用いて、かつ言葉巧みに経営者を説得する能力があった。それらに比べると、デザイン分野の人材によるアイデア提案は、感性を重視し、書類よりも絵や模型を用いる分、言葉数は少ないことが多い。こうした傾向が災いして、デザイン人材は企業組織の中で劣位に置かれやすい状況が長く続き、ましてや取締役以上に出世する者は極端に少なかった。そのような中で、日本の経営者はデザインが経営の重要な要素であること自体を忘れてしまったのかもしれない。当然、デザインの良し悪しを判断する能力が、経営者に求められるスキルとして意識されることもなくなってしまっている。

デザイン保護の制度

上述のような経営者によるデザイン軽視に関しては、企業の歴史のほかに、企業が置かれている環境、具体的にはデザイン保護をめぐる日本の法制度にも影響されている可能性が見逃せない。本章の残りの部分において、近年大きく変わりつつある日本のデザイン保護制度を取り上げ、デザイン経営との関係を考えてみたい。

日本には、広義のデザインを法的に保護する方法として、大きく分けると以下の四種類があるといえる。

（1）著作権による保護
（2）意匠法による保護
（3）商標法による保護
（4）不正競争防止法による保護

本項で、それぞれの大まかな特徴や違いをまとめておこう。

まず著作権は、著作権法を根拠とし、文化庁が所管する権利である。著作権の最大の特徴は、誰かが何かを創造した段階で自動的に発生するという点である。つまり、その創造活動の内容を国に登録する必要がない。しかし反対にいうと、それゆえに、もしも自分の著作権が他人によって侵害されたと感じた場合は、自分自身でその侵害の事実を訴え、かつその事実を法的に証明しなければならない。また著作権については、その発展の歴史上、もともと創造した本人が永遠にその権利（全部あるいは一部）を持つとする解釈と、それを複製する権利（コピーライトという）こそが著作権の本質だとする解釈の、二つがある。このような特徴と発展経緯は、いずれも、文芸作品や芸術作品の保護、あるいはそれを創造した人物の権利保護という視点から生じたものであるため、製品や建築のイノベーションと深くかかわりながら発展してきたデザイン保護とは、さまざまな面で重視点が異なっている。したがって、実務上、デザイン保護に著作権法が利用されることは、ほとんどない。

次に、二つ目の意匠法と、三つ目の商標法であるが、これら二つの法の所管は経済産業省・特許庁であり、著作権法とは違って、ともに国への登録と審査が前提となっているという特徴がある。意匠法は、まさに製品デザインの新規性を国が保護するために制定されている法律であり、法としての規模や保護の力という意味では、他の三つを大きく凌駕している。また、詳しくは後述するが、近年、建築やサービスなどへも、その保護対象を拡大する改正が実施された。一方、商標法は、ビジネスに用いられるマークやロゴ等を全般的に保護するために制定された法律であるが、デザインそのものではなく、あくまでそれらをビジネス上で使用する権利を保護することに主眼が置かれているのが特徴である。ただし、デザインを保護する動機の大半はビジネス上の利用にあるので、商標登録による保護の実効性はかなり大きいといえる。

最後が、四つ目の不正競争防止法による保護である。これは企業等の公正な競争を守るために制定されたものであり、当然のことながら経済産業省が所管している。したがってデザインに特化された法律ではないが、同法における保護目的の一つである「信用の保護」に基づくと、意匠法や商標法の範囲を越えて、ビジネス上の広義なデザインを保護できる可能性がある。不正競争防止法の適用には複雑なさまざまの条件が必要とされるので、必ずしも利用しやすい法律とはいえないが、その適用範囲の広さゆえ、最近では知的財産関連訴訟の約四割が不正競争防止法関連であるという。とりわけ意匠法の改正前は、その適用範囲が狭すぎたため、不正競争防止法の適用が増加したという側面があるとされる。

物品への付帯性という難問

独自性のあるデザインを国が保護する最も強力な法制度は、前述の通り意匠法である。意匠法については、特許法と並ぶ大規模な知財保護制度であるにもかかわらず、昨今の情報技術の進展や企業競争の変化によってビジネス実態に合わなくなっているという指摘が、以前からあった。しかし二〇一九年に、同法が抱えていた問題を解決すべく、「一〇〇年に一度」ともいわれる大幅改正が実施された（二〇二〇年四月一日施行）。以下で、これを概説するとともに、世界のデザイン保護競争について見ていくこととしよう。

意匠法における最大の問題は、コンピュータやスマートフォンの画面に映し出されるさまざまな画像デザインをどう保護するかということにあった。なぜこれが問題になるかというと、こうした画面は、物品としてのコンピュータやスマートフォン自体の色・形とは関係なく、操作することでどんどん変化するからである。ところが、従来の意匠法が対象にしてきたデザインとは「何らかの物品に付帯している色や形の美観」であることが前提条件になっていた。これにより、最初から機器にインストールされている画像については「物品に付帯している」と認められたものの、後からインストールされた画像やクラウド上にあるデータによって映し出される画像は、保護の対象外になってしまっていた。しかし、ユーザーにしてみれば、データの保存場所やインストールの時期などはほとんど意識されないため、法律がビジネス実態と大きく乖離した状態にあったのである。

同様に、ディスプレイではない場所に画像を投影するような装置の画像デザインも、従来法では保護されなかった。たとえば、ソニーの Xperia Touch という情報機器は、周辺の壁や床に美しい画像を投影し、その投影画像自体をまるでスマートフォンの画面のようにタッチして操作できるという特徴を有するが、このユニークな画像デザインが従来法ではまったく保護されず、いわば模倣され放題の状態にあった。このような問題について、同社クリエイティブセンター長の長谷川豊氏は、「物品への付帯性という概念を緩め、投影画像デザインなども広く保護してほしい」と、かねて主張していた。

欧米各国のデザイン保護制度では以前から、ある程度このような画像デザインも保護できるようになっていた。こうした問題を受け、特許庁によって実施された二〇一九年の意匠法改正では、物品への付帯性による制約が技術革新やビジネス実態に合うように少し緩められ、「その機器の機能に関連する画像」という範囲まで保護対象にできると変更された。

なぜ、デザインは「物品に付帯するもの」として取り扱われてきたのだろうか。簡単にいうと、そうすればデザインが存在しているのかどうかを判断しやすかったからである。物品に付帯せずに投影されたりソフトウェアが次々に描き出したりする画像には、デザインというよりもアート作品と定義したほうがよいものも、たしかにあるだろう。アート作品であれば、著作権法などの保護対象となり、法律上の考え方も大きく異なってくる。そのように保護対象の境界があいまいになることを防ぐために、従来の意匠法はかなり厳密に「デザインは物品に付帯するもの」と定義してきた経緯がある。しかし、その定義の厳密さが、技術革新によって実態との乖離を生んでしまった。そこで法改正により、「その機器の機能に関連する画像」という新しい定義を設け、物品との関連性を残しつつも保護範囲を大きく拡げたのである。

筆者は、「その機器の機能に関連する画像」という新定義には、日本の「デザイン」という言葉の意味を大きく拡大させうる、注目すべき変化が込められていると考えている。それは、「美観から機能へ」という変化である。第1章でも少し述べた通り、これまでの意匠法では、デザインの本質的な価値は、常に「美観」に収斂されていた。それが、上記の新定義を設けるにあたって、「機能」が持ち出された。これは、知財保護の大黒柱ともいえる特許法が拠りどころにしている言葉なのである。つまり、今回の改正で日本の意匠法は、今までより一層、特許法に近いスタンスを得たといえる。

保護対象のさらなる拡張

意匠法には、もう一つ大きな問題があった。企業経営者にとって、商品やサービスに関連するビジュアルデザインを統一することで、自社のブランドイメージの強化を図るのは、もはや常套手段といえる。ところが、改正前の同法では、こうした統一的なデザインをすべて保護対象にするのが難しかったのである。

どういうことか、まず商品の例を説明しよう。たとえば、最近のレクサス車やマツダ車は、モデルの枠を越えてフロントグリルに一貫したデザインを採用するなどし、ブランドとしての統一感を上手に演出している。このように互いに類似しているデザインは、従来の意匠法における基本的な考え方では、最初に出願されたものだけが登録され、後のものは排除されてしまっていた。そうしないと世の中に偽物が氾濫してしまうからというのが、主な理由である。しかしこれでは、自社の先行商品があるために後続商品が意匠登録できないという、バカみたいな状況が生じてしまう。さすがにこれは問題とされ、従来法でも、同一企業が開発する一貫したコンセプトに基づくデザイン群は、最初に登録されたデザイン（本意匠）が世の中に公報され保護が発効するまでの約八カ月間に限り、「関連意匠」として追加的な出願が許可されていた。しかし、一般に企業のブランディング活動は何年にもわたって実施されるので、八カ月間ではまったく短すぎる。結局、従来法下では、企業の知財担当者が、自社のデザイン同士が競合しないよう、大急ぎで多数の関連意匠を登録しなければならなくなっており、実効的ではなかったのである。

次が、サービス業における店舗デザインなどをめぐる問題である。たとえば、ツタヤやコメダ珈琲店では、内外装の工夫によって、どの店舗でも統一的で高品質なサービスを保証することを演出し、いわば店舗デザイン自体がイノベーションになっているといえる。ところが従来の意匠法では、そもそも建築物や空間デザインが保護対象になっていなかった。そのため、多くのサー

図4-3　意匠法改正のポイント（1）保護対象の拡張

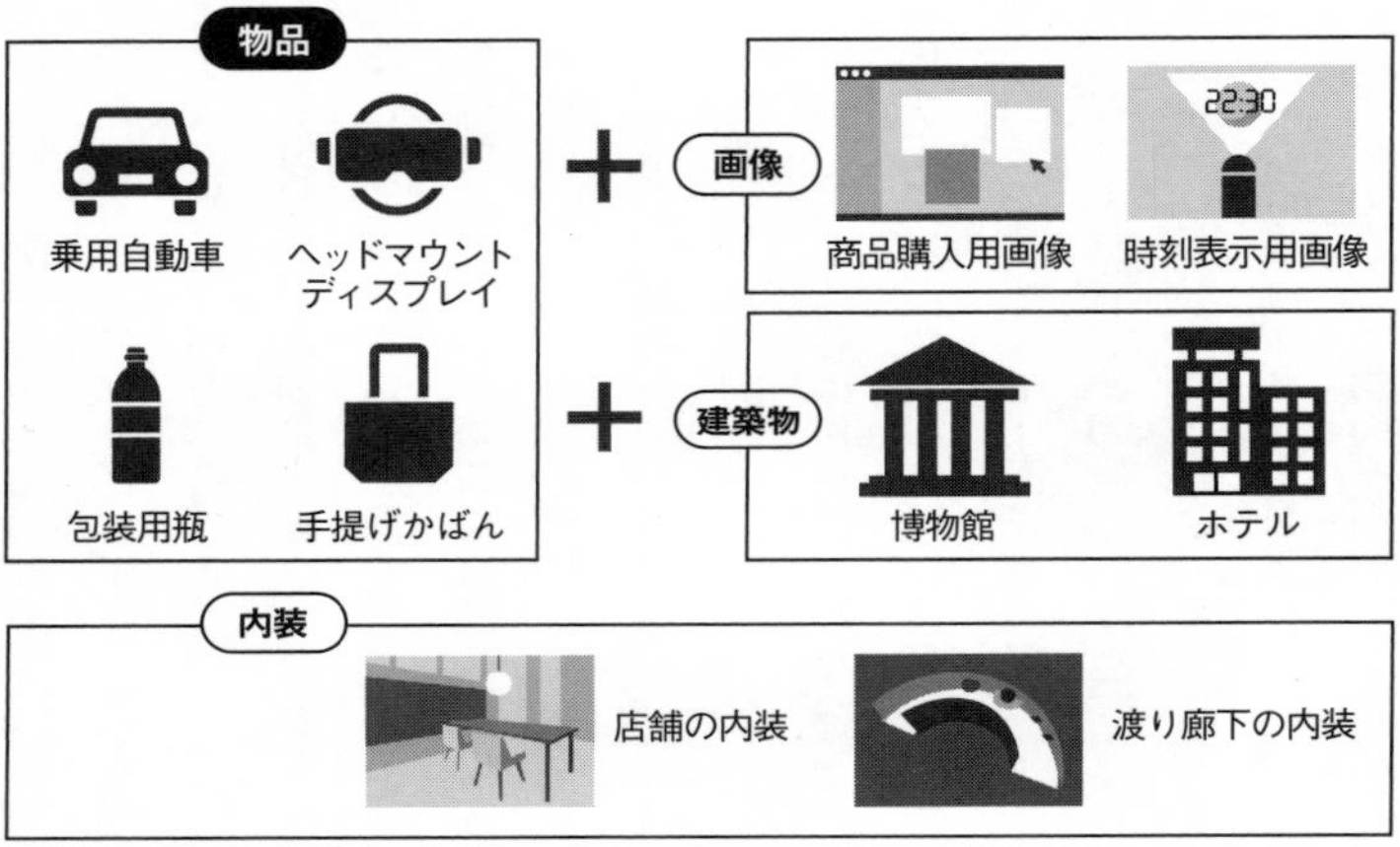

出典：特許庁ウェブサイトより作成

ビス業企業にとって、意匠法は知財戦略に利用できる法律とはいえなかったのである。

これら二点を受けて、改正に盛り込まれたのが、関連意匠の出願可能期間の大幅延長と、建築物や空間デザインへの保護対象の拡張である。関連意匠の出願期間は一気に一〇年まで延長され、企業のブランド戦略にも活用できるようになった。また、建築物や空間デザインが一定の条件のもとで保護されるようになり、とくにサービス業におけるイノベーション推進に意匠法が寄与できる余地が拡大した。

前項から説明してきた意匠法改正の要点を図示したのが、図4-3・図4-4・図4-5である。図4-3に示すように、物品への付帯性を緩和したことによって、画像と建築物

図 4－4　意匠法改正のポイント（2）出願可能期間の延長

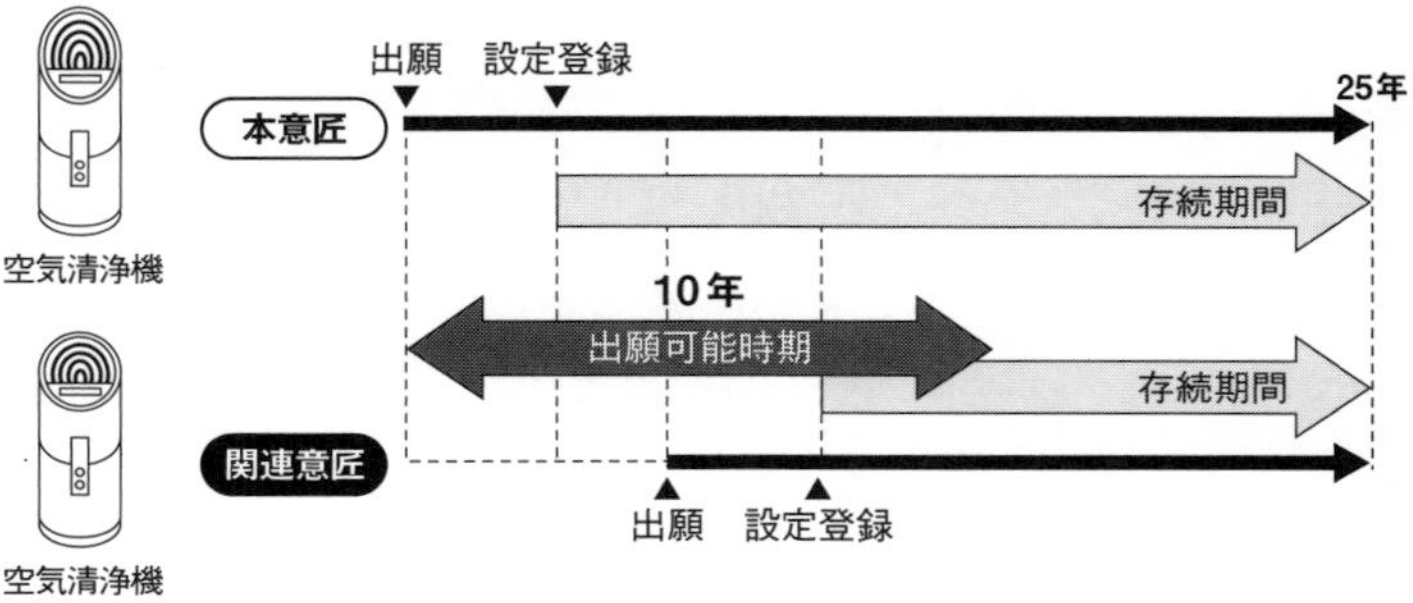

出典：特許庁ウェブサイトより作成

図 4－5　意匠法改正のポイント（3）「関連意匠に類似する意匠」の出願許可

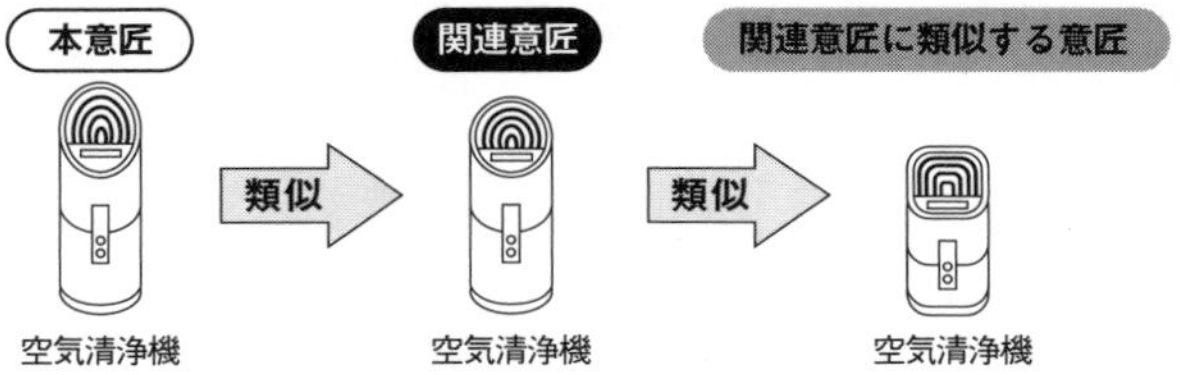

出典：特許庁ウェブサイトより作成

が新たに保護対象となった。それらの延長として、内装の意匠も保護対象に加わった。さらに図4-4に示すように、関連意匠の出願可能時期が一〇年まで延長されたことで、企業の長期にわたる一貫したブランディング戦略の展開に、意匠法の保護を得ることが可能になった。しかも図4-5に示すように、関連意匠に類似する意匠を新たな関連意匠として出願することも可能になったので、意匠法の保護のもと、類似する意匠をつなぎながら理論的には永続的にブランディング戦略を維持できるようにもなったのである。

意匠法改正の認知率

上述の改正が実現したことで、日本の意匠法は世界最先端の充実した内容を備え、企業経営者にとって強力な武器になる可能性が高まったといえる。しかし残念なことに、このような大きな法改正と、それがもたらす社会的インパクトが、いまだ十分に認知されていない。図4-6は、前章の後半に示したのと同様、筆者が二〇二〇年二月に、国内企業に勤務する八二七名に対して実施した調査の結果である。ここから、法改正が決定して一〇カ月が経過し、同年四月一日の施行まで二カ月という時点であったにもかかわらず、改正自体の認知率が驚くほど低いことが判明した。「よく知っている」は全体のわずか〇・一%、「知っている」を含めてもわずか二・八%にとどまっており、ほぼまったく認知が進んでいないといえる。今回の改正を最大限活用すれば、独自に開発したウェブサイトやソフトウェアの画面デザイン一つ一つを法律の保護下に置くことも可能であり、独自性のある企業にとっては大きなメリットがあるはずだが、制度自体が認知さ

図４－６　意匠法改正の認知率

我が国の意匠法が 2019 年に大幅改正され，企業のデザイン戦略のために利用しやすい制度になりましたが，あなたはその事実をご存知でしたか。

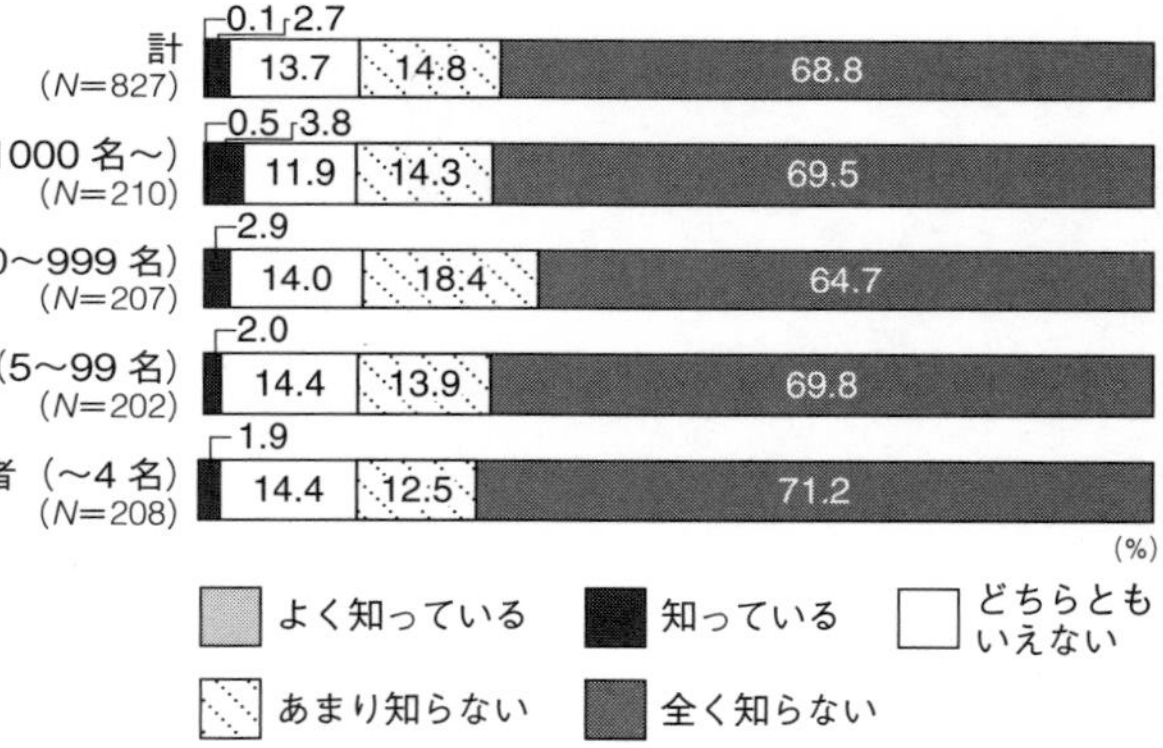

れていないためにそうした戦略がとられていないとすれば、残念な状況というほかない。

なぜこのように著しく認知率が低いのだろうか。特許庁側の普及・啓蒙活動が不足しているのも事実だろうが、実際に申請・登録の実務をサポートする弁理士側の知識や認識が、法改正に追いついていないという実態もありそうである。二〇二〇年時点では、弁理士協会や弁理士の教育機関なども、今回の法改正のポイントと、実際にどの程度の範囲にまで適用可能なのかといったことについて、研究や特許庁との意見交換を続けているという段階にあるようだった。ただ、こうした中にあって、二〇二〇年一一月には、蔦屋書店（カルチュア・コンビニエンス・クラブ）が改正意匠法の登録第一号となった。その後、くら寿司の回転寿司店内装、ファーストリテイリングのユニクロPARK横浜ベイサイド店、JR東日本の上野駅公園口駅舎が立て続けに登録され、建築・内装に関する登録事例は徐々に増えつつある。また画像についても、バイクなどの利用を想定した小糸製作所による路面への投影デザインが登録された。これらの実例をもとに研究が進み、より広い企業に改正意匠法が活用されるよう、弁理士側からも積極的な働きかけがなされることが期待される。

各国の意匠登録制度

特許庁が今回のような抜本的な意匠法改正に踏み切った背景には、国際的な意匠保護に関する競争環境の変化がある。表4-1は、世界の主要な五大知財当局における意匠登録数の経年変化を示している。二〇一〇年と二〇一九年の対比で、意匠登録数の増加率を国別に比較してみると、中国は一・六六倍(二〇一〇年・三三万五二四三件、二〇一九年・五五万六五二九件)、ヨーロッパ(EU)は一・一四倍(二〇一〇年・八万一三九五件、二〇一九年・九万三二六一件)、韓国は一・五〇倍(二〇一〇年・三万五一八三件、二〇一九年・五万二八五〇件)、アメリカは一・五三倍(二〇一

表 4－1　主要五大知財当局における意匠登録数の推移

	中 国 (CNIPA)	EU (EUIPO)	韓 国 (KIPO)	アメリカ (USPTO)	日 本 (JPO)
2010 年	335,243	81,395	35,183	22,799	27,438
2011 年	380,290	86,397	43,634	21,356	26,274
2012 年	466,858	87,562	47,670	21,951	28,349
2013 年	412,467	93,637	49,039	23,468	28,288
2014 年	361,576	94,851	57,207	23,657	27,306
2015 年	482,659	94,718	56,444	27,673	26,297
2016 年	446,135	102,389	56,787	33,299	25,344
2017 年	442,996	109,450	50,106	34,808	27,335
2018 年	536,251	105,116	50,678	33,449	27,618
2019 年	556,529	93,161	52,850	34,808	27,556

（件）

注：ヨーロッパ・韓国の数値は，それぞれ EUIPO・KIPO で登録された意匠数を示す
出典：特許庁（2020）より作成

〇年・二万二七九九件、二〇一九年・三万四八〇八件）と、各国とも登録数が大幅に増加しているのに対して、日本だけは一・〇〇倍（二〇一〇年・二万七四三八件、二〇一九年・二万七五五六件）と、まったく増加していないことがわかる。二〇一九年に関していえば、絶対値としての登録件数も、主要五大知財当局の中で最も少なく、最大登録数を誇る中国のわずか二〇分の一に過ぎない。つまり、日本だけが置いていかれている格好なのである。

二〇一〇年段階では、このような日本の一人負けという状況ではなかった。なぜ、この一〇年で相対的な

位置が変化してしまったのかを解明する手がかりとして、図4-7を見てもらいたい。これは、主要五大知財当局間の意匠登録の全体像を表した図である。それぞれの国・地域には、異なる特徴のあることが読み取れる。

まず、今や世界最大の意匠登録大国になった中国を見てみよう。中国国内の意匠登録の九六・二%は、同国内の企業・個人からのものである。その絶対数が日本の約二〇倍もあるということは、人口自体が日本の一〇倍強であることを勘案してもなお、中国の企業・個人のほうが日本の約二倍、意匠法を積極的に活用していることを意味する。中国はまた、ヨーロッパへの知財登録にも非常に積極的である。ヨーロッパにおける意匠登録の、じつに一〇・九%を、中国からのものが占める。こうしたことから、中国が世界一の意匠登録大国になっている背後には、自国企業や中国人自身による、きわめて積極的な意匠法活用があるといえる。

中国に似た構造を持つのが、韓国である。ここでも、同国内の企業・個人による意匠登録が、全体の九一・六%を占めている。人口は日本の四〇%ほどしかないが、意匠登録数は日本の約二倍にのぼる。つまり、韓国の企業・個人は、日本と比較して約四倍も意匠法を積極的に利用している計算になる。これには、サムスン電子やLGエレクトロニクスなど、知的財産の活用にきわめて積極的な大企業の存在も影響していると考えられる。したがって、韓国が日本を上回る意匠法大国になった理由も、中国と同様、自国企業や韓国人自身による積極的な意匠法活用にあるといえる。

一方、中国に次ぐ意匠登録の中心といえるのが、ヨーロッパ（ＥＵ）である。ＥＵの場合、域内からの意匠登録は六七・七％にとどまり、残りの三二・三％は域外からというのが、最大の特徴である。最も多い登録元は前述の通り中国（一〇・九％）であるが、それに次いでアメリカからの登録も多い（一〇・五％）。すなわち、ＥＵは、意匠登録において世界のハブのような位置づけになっている。とはいえ、経年で意匠登録数を見ていくと、近年ＥＵへの登録数は減少傾向にある。理由としては、中国やアメリカからの意匠登録が、それぞれの自国内への登録に吸収されるようになってきたことが考えられる。とりわけ中国の吸引力は非常に強く、それに押されている様子が見て取れる。今後もこの傾向が続けば、世界の意匠登録の競争環境は、中国一強の様相を呈してくる可能性がある。

ちなみにＥＵの意匠法は、日本・アメリカ・韓国とは異なり、著作権法と多くの部分で重複するパッシングオフアプローチ（かつての呼称ではコピーライトアプローチ）という考え方がとられている。これに対して、日本・アメリカ・韓国では、特許法と類似するパテントアプローチという考え方をとっている。パッシングオフ（コピーライト）アプローチにおいては、厳格な新規性よりも作品を創造したのが誰かという事実が重視され、国家権力による保護は相対的な効力に重心が置かれている（つまり、ほかの誰かが権利侵害したことが明らかになった場合に限って権利者保

局間の意匠登録の全体像

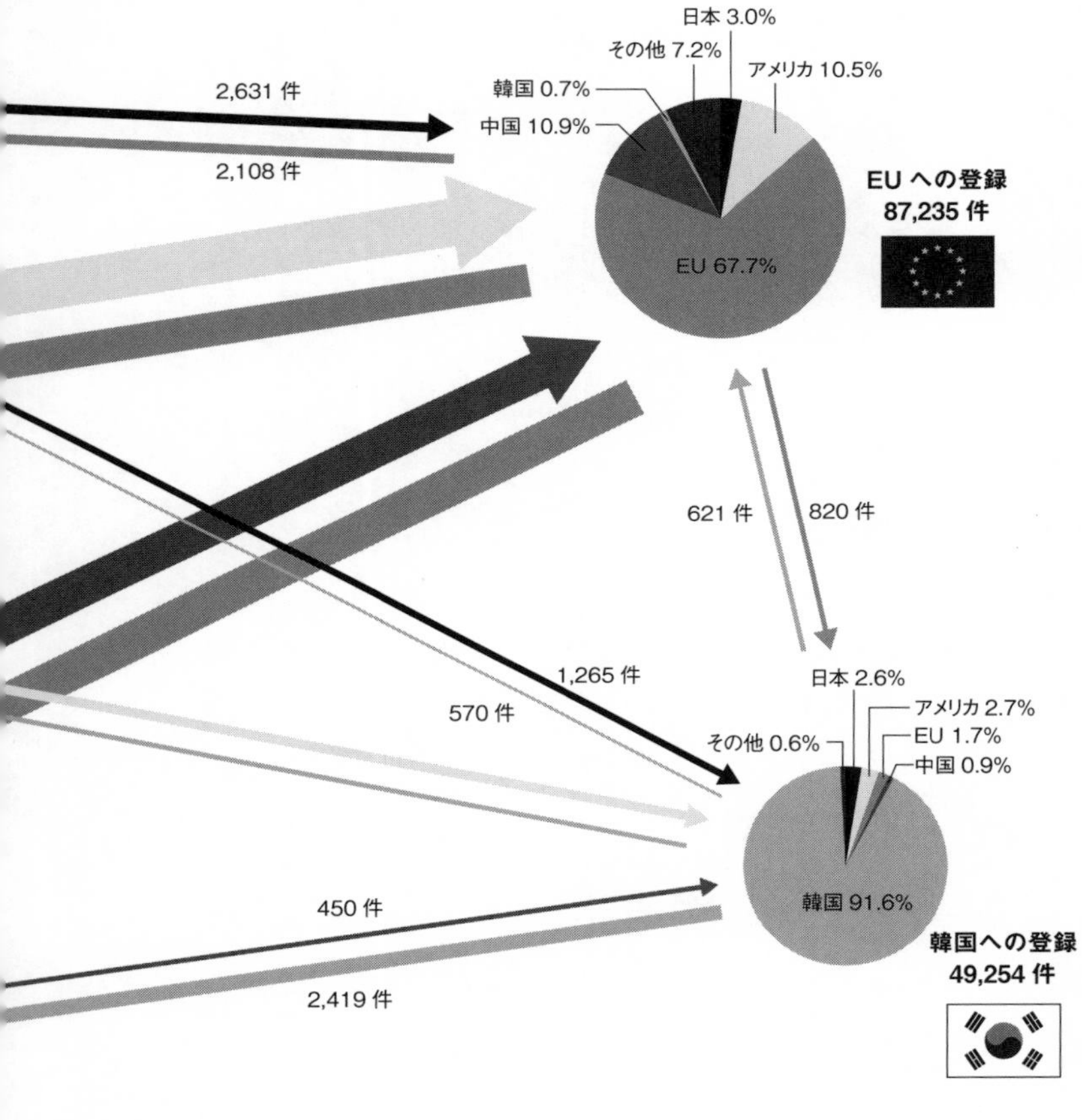

注：意匠登録件数は意匠公報発行年（2018 年）で集計した。内訳は居住者ベース
出典：特許庁（2020）より作成

図４－７　主要五大知財当

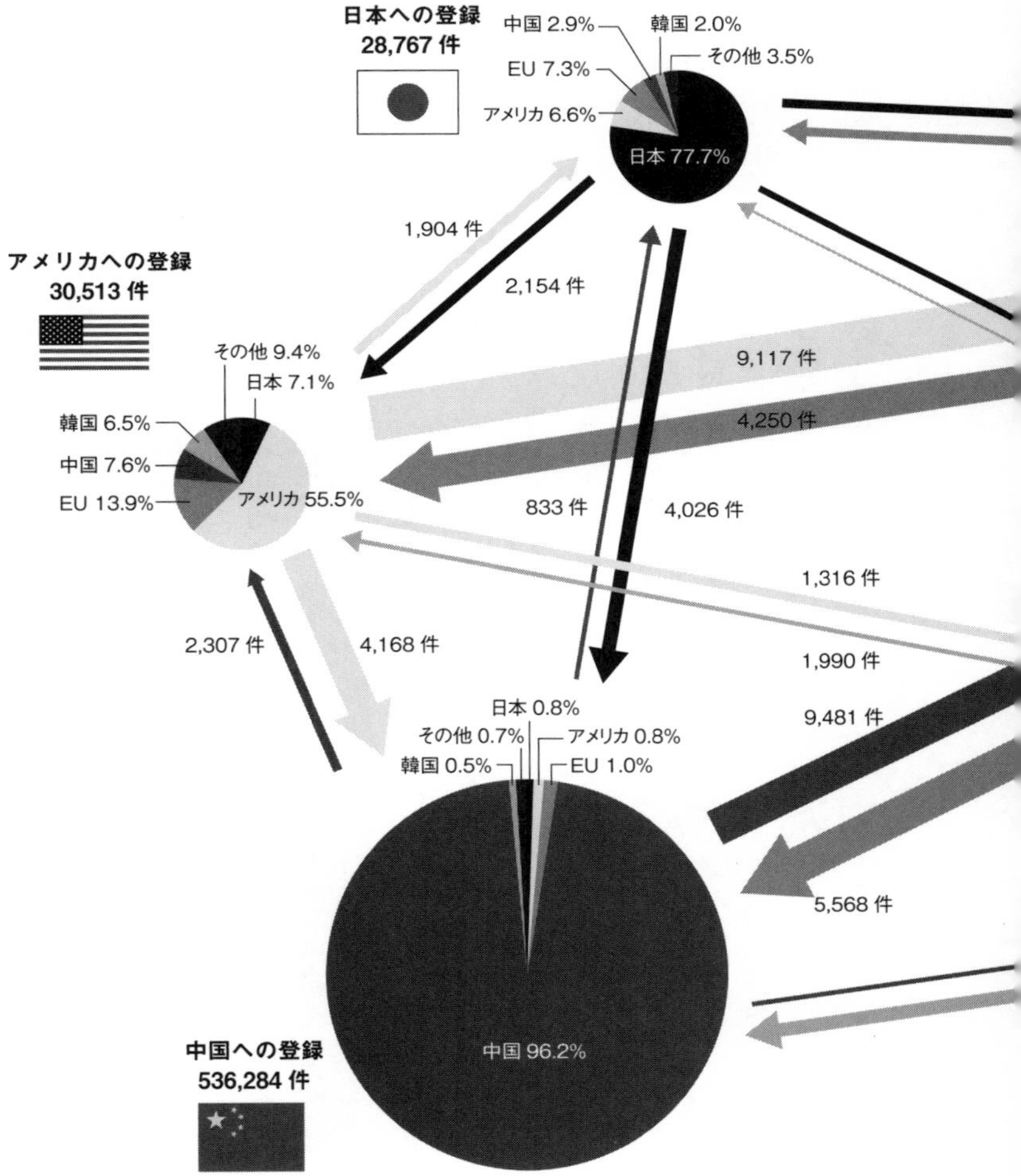
日本への登録
28,767 件
中国 2.9%
韓国 2.0%
その他 3.5%
EU 7.3%
アメリカ 6.6%
日本 77.7%
1,904 件
2,154 件
アメリカへの登録
30,513 件
その他 9.4%
日本 7.1%
韓国 6.5%
中国 7.6%
EU 13.9%
アメリカ 55.5%
9,117 件
4,250 件
833 件
4,026 件
1,316 件
1,990 件
2,307 件
4,168 件
9,481 件
日本 0.8%
その他 0.7%
アメリカ 0.8%
韓国 0.5%
EU 1.0%
5,568 件
中国への登録
536,284 件
中国 96.2%

護を行う)。一方のパテントアプローチでは、誰が創造したのかよりも、当該デザインの厳格な新規性が重視され、国家権力による保護は絶対的な効力として取り扱われる。このように、EUの意匠法は日米韓と異なる特徴を有していたがゆえに、いわば「とりあえず」の登録先といった活用がなされてきた面があるのである。とくに厳密な新規性という意味での競争力が弱かった中国企業などのデザイン部門が、こうした活用を進めてきた。しかし、中国国内での法整備が進み、中国企業がEUの法律に頼らずとも自国の意匠法から同様の相対的保護を得られるようになってくるにつれ、EUの存在感が低下しつつあるものと見られる。

最後に、日本とアメリカを見ておこう。両国とも、EUと同じく、自国からの意匠登録のみならず他国からの登録者が比較的多い。しかしこれは、EUのような「とりあえず」の登録というよりも、日本およびアメリカの国内市場が持つ魅力による結果と考えられる。すなわち、外国企業が日本あるいはアメリカの国内市場で実際にビジネスをするために、意匠登録するというケースである。加えてアメリカは、二〇一五年のハーグ協定施行にともない意匠登録の増加を実現しており、自国企業による登録がEUへ流出するのを食い止めるのに、ある程度成功しつつある。これに比べると日本は全体に中途半端な位置づけになってしまっており、アメリカ―EU間のように互いに大量の意匠を登録し合う関係になっているわけでもなければ、パテントアプローチをとっているため中国からの意匠登録を獲得できているわけでもない。

図４－８　日本の意匠出願における内国人／外国人の内訳

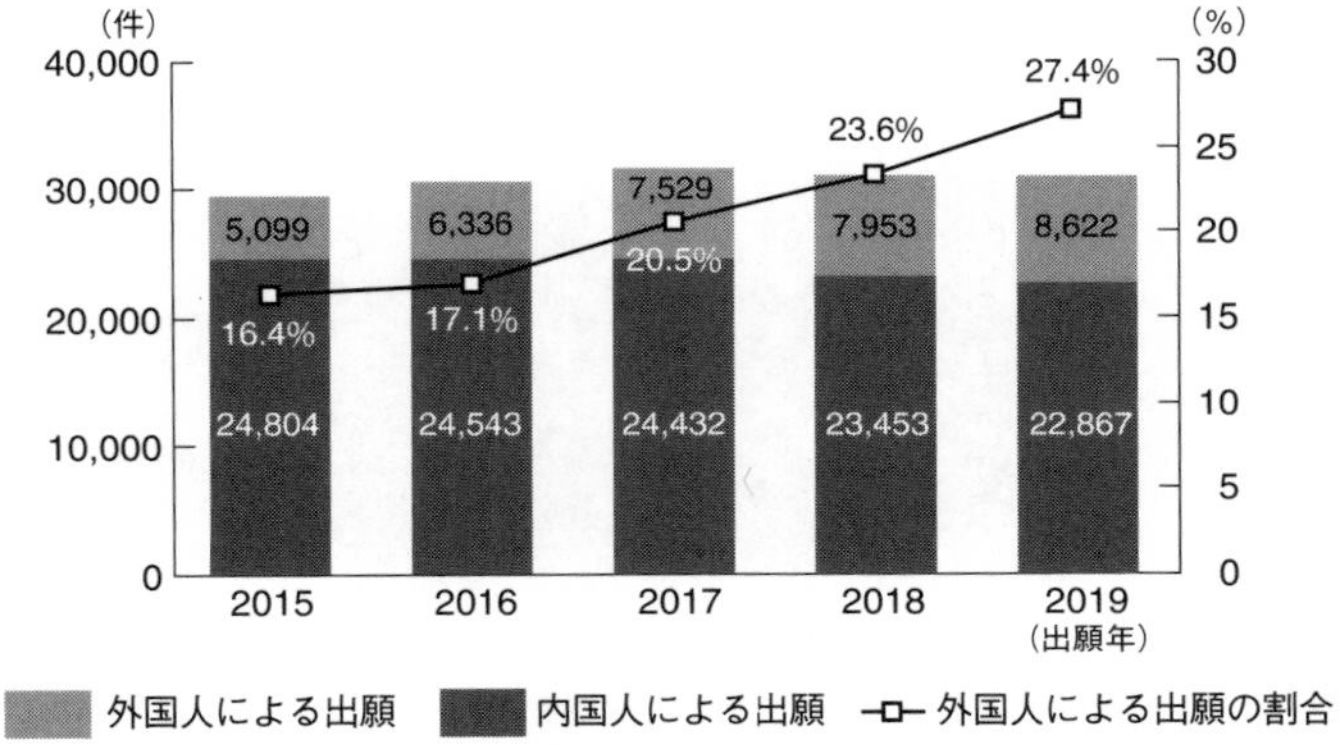

注：国別内訳は筆頭出願人の国籍でカウントしている
（国際意匠登録出願については筆頭出願人の居住国に基づく）
出典：特許庁（2020）より作成

　前述した日本の意匠法大改正の背景には、このような意匠登録の国際競争環境の変化があるといえるのである。図４-８に、日本の意匠出願に占める外国人による出願件数およびその比率の経年変化を示した。これによれば、日本でも、少しずつ外国人による出願が増加してきている。パテントアプローチをとっているため、これらの出願すべてが無事に登録にいたるわけではない（事実、図４-７では日本の意匠登録数における外国人の割合が二二・三%となっているのに対し、図４-８で同じ二〇一八年の意匠出願における外国人の割合が二三・六%とあるので、外国人による出願が登録までいたらないケースがあることがわかる）ものの、外国人や外国企業にとって日本の意匠法が徐々にではあるが魅力的になり始めていることが窺える。今回の大改正によって、この傾向は一段と顕著になっていくと予想されるが、そのためにも出願・登録の実務をサポートする体制には、より一層の充実が望まれるのである。図4-8からは、もう一点、国内からの出願数がじりじりと減少していることも読み取れる。これについてはさまざまな要因が考えられるが、少子化が著しい日本において、企業数の増加が期待しにくいことは、否定できない事実であろう。分母が増加しない上に、より利用しやすい商標登録や不正競争防止法適用のほうが選択されるという傾向が重なり、意匠法はいわば宝の持ち腐れ状態になっているというのが、筆者の解釈である。一体どうすれば、こうした縮小再生産に陥る循環を脱し、中国や韓国のように、自国の意匠法がもっと積極的に利用されるような産業構造を導けるのだろうか。

商標登録における国際競争

意匠法は、国家権力が「正しいデザイン」を自ら審査して定め、それ以外のものから積極的に保護をするという、いわば絶対的な効力をともなう法律である。しかし、すべての国の意匠法がこのような効力を発揮するわけではなく、ヨーロッパ（ＥＵ）では相対的な効力に重心が置かれていることは、すでに述べた。日本には、こうした相対的効力に重心の置かれた保護制度として、商標登録（および、その裁判で適用されることの多い不正競争防止法）がある。もちろん、これに相当する制度は世界各国に存在し、二つの保護制度は互いに深く関連しながら活用されている。そこで本項において、商標登録制度の国際的動向も見ておくことにしよう。

図４‐９に、国際的な商標登録出願の構造を示した。図４‐７と対比的に見られる形式になっている。まず重要なのは、件数そのものの多さである。前述した日本の意匠登録がおおむね年間三万件弱であったのに対し、商標登録は年間五〇万件以上もあり、一八倍近くにものぼることがわかるだろう。この傾向は、世界の主要な知財当局いずれにおいても同様であるが、唯一韓国だけは五倍程度にとどまっている。ただ韓国の場合は、意匠法活用のほうが他国と比べ突出して多いというべきかもしれない。その他の四地域については、商標登録が意匠登録の一〇〜二〇倍という規模で共通している。

件数にこのような大差が生じる理由は、出願から登録にいたる審査の内容や手続きにある。意匠登録は、パテントアプローチであれ、パッシングオフアプローチであれ、保護の対象がデザインそれ自体であるのに対し、商標登録の保護対象は、ビジネス上の目印の差異性・識別性に限られる。ほかとの相対的な違いのみが争点になるので、おのずと相対的効力しか発揮しないが、そ

出願の国際的構造

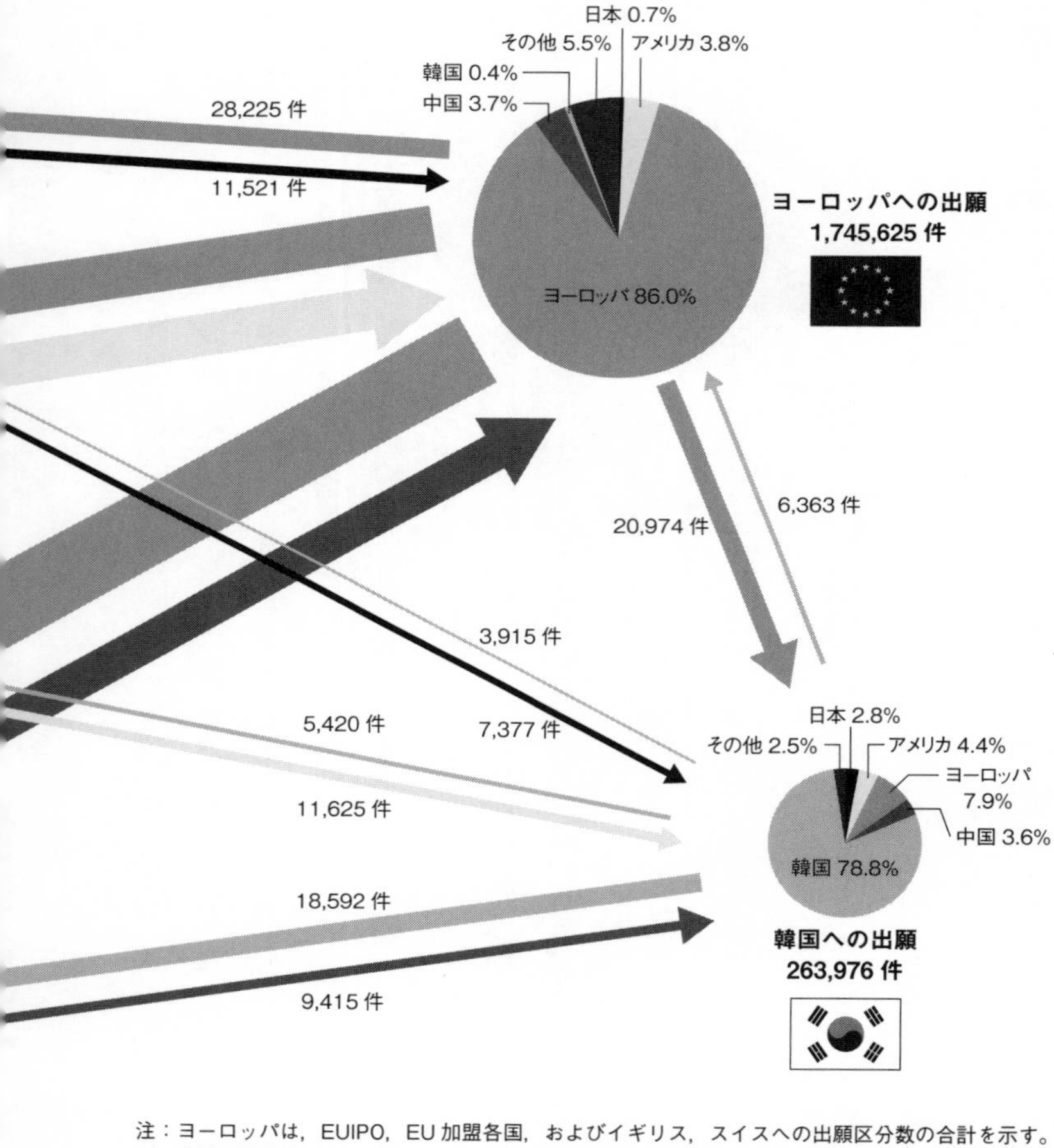

注：ヨーロッパは，EUIPO，EU 加盟各国，およびイギリス，スイスへの出願区分数の合計を示す。内訳は居住者ベース（ヨーロッパについては，EU 加盟国，およびイギリス，スイスの出願区分数の合計を示す）

出典：特許庁（2020）より作成

図 4－9　商標登録

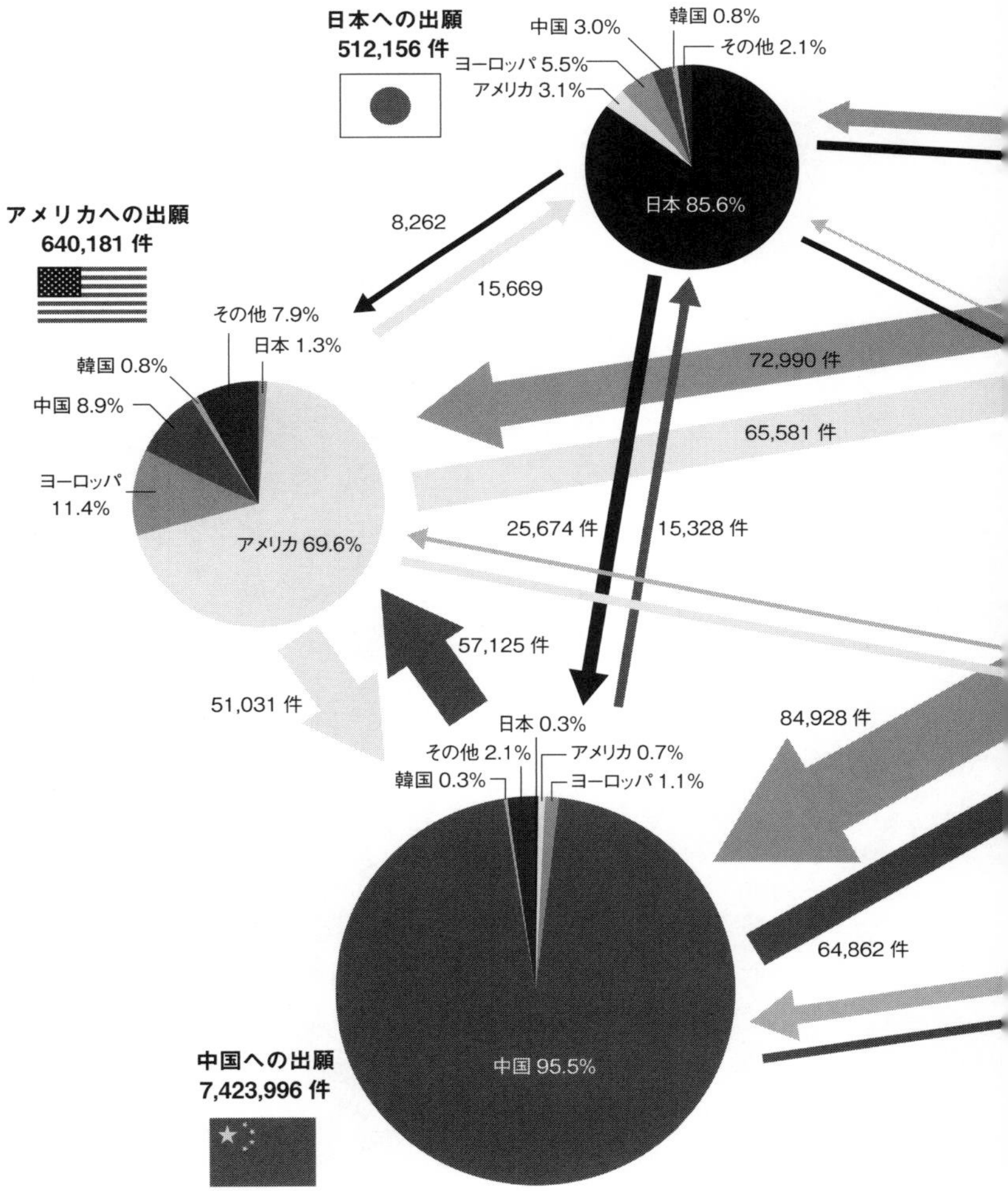
日本への出願
512,156 件
中国 3.0%
韓国 0.8%
その他 2.1%
ヨーロッパ 5.5%
アメリカ 3.1%
日本 85.6%
アメリカへの出願
640,181 件
8,262
15,669
その他 7.9%
日本 1.3%
韓国 0.8%
中国 8.9%
ヨーロッパ
11.4%
アメリカ 69.6%
72,990 件
65,581 件
25,674 件
15,328 件
57,125 件
51,031 件
84,928 件
日本 0.3%
その他 2.1%
アメリカ 0.7%
韓国 0.3%
ヨーロッパ 1.1%
64,862 件
中国への出願
7,423,996 件
中国 95.5%

の分、手続きは手軽である。しかも、限定されてはいても多くの場合、商標を構成するロゴマークなどのデザインについて、事実上の保護効果が一定程度期待できるため、企業としては、とりあえず商標登録に着手することになるのだろう。意匠登録と商標登録では、民事紛争が発生した場合の解決方法にも大きな違いがある。日本では、意匠登録された権利をめぐる民事紛争は、一審では東京地方裁判所と大阪地方裁判所の専属管轄、二審は知的財産高等裁判所の管轄となり、通常の民事訴訟とはまったく違う解決が図られる。一方、商標をめぐる民事紛争は多くの場合、通常の民事訴訟と同じく一審は地方裁判所、二審も高等裁判所で処理される。したがって、商標に関する事案であれば、通常の弁護士が扱える。こうした法制度の違いは、程度の差はあれ、世界の主要な知財当局において同様である。

商標登録についても、図4-9から見て取れる地域ごとの特徴を通じ、国際的な競争環境を考えてみたい。まず中国は、年間約七五〇万件もの登録出願を誇る、世界一の商標大国である。意匠の場合と同じく、その九五・五%が国内からの登録というのが、最大の特徴といえる。とはいえ、他国から中国への登録が少ないわけではなく、とりわけヨーロッパからは八万件以上の商標登録を受けている。中国ビジネスを推進するヨーロッパ企業にとって、前述の通り比較的手軽な手続きで知財を守ろうと考えた際、身近な手段として定着しているということだろう。意匠との違いは、中国からヨーロッパやアメリカへの商標登録もかなり多く、中国企業の海外市場進出の足がかりとして商標制度が活用されているのが窺えることである。

次に、ヨーロッパの特徴を見てみよう。商標については、ヨーロッパでも域内からの登録が八六・〇％を占めているのが、意匠登録との大きな違いである。とはいえ中国と同様、件数自体はアメリカや中国からもかなり多く受けている。ヨーロッパの最大の特徴は、中国やアメリカ、あるいは日本・韓国に対しても、きわめて積極的に商標登録をしている点である。他の四地域に対して、いずれも「出超」状態になっている。世界の商標競争の震源地はヨーロッパといっても過言ではない。前述の通りヨーロッパ（ＥＵ）においては意匠保護も相対的効力に重きが置かれているが、同様の方針に基づく商標登録は、ヨーロッパの企業・個人にとって一段と身近な知財保護手法になっているといえそうだ。ヨーロッパは、他の地域に先駆けて、意匠法でも物品への付帯性の緩和などを実現し、著作権・意匠権・商標権の間の垣根を積極的に取り払おうとする政策を打ち出してきているように見える。これに連動して、いわゆる技術の保護に関しても、特許権による保護ではなく、国際標準化による保護を目指す方向性を示している。こうした方針は、アメリカや日本が考える知財保護の考え方とは根本的に違っており、今後長期的な論点になっていく可能性がある。

では、アメリカはどうだろうか。同国は商標に関しても自国比率が低めで、他国からアメリカへの登録が高い割合を占めている。ただ、そもそも経済力に比して件数が多くないことから、自国内における知財保護の方法として商標登録が重要な位置を占めているとは言い難い。似たような傾向を持つのが韓国である。アメリカと韓国においては、より保護力が強い意匠法のほうが重要と考えられているといえそうである。

最後に、日本を見てみよう。日本の特徴は、自国からの商標登録比率が高いと同時に、他国への商標登録活動がそれほど活発でないという点である。一言でいうと、国際的な商標の競争に十分参入できておらず、やや孤立した存在になってしまっている。日本は前述の通り、意匠についても中途半端な立ち位置におり、全体的に国際的なプレゼンスが低いといわざるをえない状況である。海外企業にしてみれば、日本国内で自社の商標に対する権利侵害が具体的に発生し、日本企業と訴訟で争わなければならないといったような特殊な場合を除き、わざわざ日本に商標登録をする必要はないということなのであろう。

知財戦略とデザイン経営

ここまで述べてきた通り、日本は意匠保護・商標保護の両方において、国際的な主戦場になっていない。じつは特許についても状況は類似している。そのため、世界の企業経営を揺るがすような大きな知財訴訟の舞台に、日本が選ばれることはあまりない。実際、日本における知財関連の訴訟数は、最も多い特許関連を含めてもわずか五〇〇件前後であり、意匠・商標関連に限れば年間一〇〇件にも満たない。無論、なんでもかんでも訴訟をすればよいわけではないし、日本社会に訴訟文化が希薄であることは十分理解しているが、それにしても低調すぎるといえる。企業において、デザインやブランドというもの自体が、いまだにイメージ戦略の一部にとどまり、本気の競争対象になっていないことの証左に見えて仕方がない。

これに対し、海外のグローバル企業は、特許も含めて、知財をめぐる激しい競争を繰り広げている。一般の消費者にとっても強く印象に残る最近の事例といえば、やはりアメリカのアップルと韓国サムスン電子との間で巻き起こった、スマートフォンのグラフィカルユーザーインターフェース（GUI）に関する巨額の権利侵害についての訴訟合戦であろう。

アップルやサムスン電子は、特許・意匠・商標の三つを同時に、しかも訴訟の舞台になりそうな複数の国へ登録してくる傾向があるという。両社の特許侵害に関する訴訟では、日本の法廷も舞台になり、二〇一一年から二〇一三年の間に、東京地裁および知財高裁による判決が下された。同裁判では、裁判所が特許の詳細を精査してアップルの勝訴が確定したが、そこでの争点は、簡単にいえば「ソフトウェア上でユーザーとデータをどのようにやりとりするか」をめぐるものであり、じつは意匠の問題とも表裏一体であった。つまり、国によっては技術特許にとどまらず、意匠や商標の問題へと拡大する可能性もあったということである。両社の裁判が行われた国は、アメリカ、ドイツ、フランス、イギリス、イタリア、オランダ、スペイン、オーストラリア、韓国、日本、そしてEU（一一の国と地域）という多数に及んだが、このうち、たとえばドイツでは意匠権に関する判決が出ている。グローバル企業が特許・意匠・商標の三つを同時に登録するのは、このような国際的な司法判断のブレに、したたかに対応するための合理的な対策であることが理解できる。

日本には、特許は技術の話、意匠や商標は色・形の話、という固定観念がないだろうか。そのため、これら三つが連動して企業競争が繰り広げられているという事実を、正確に理解できていない企業が多いように思われる。しかし、アップル対サムスン電子の例を見れば明らかなように、とりわけデザインを重視する企業にとって、特許・意匠・商標の三つは不可分になりつつある。近年の意匠法改正も、さらにその方向性を加速させるものといえる。

日本が知財立国を目指し、ひたすら特許出願数を稼ぐようになったのは二〇〇〇年代初頭であった。しかし、それらおびただしい数の特許の少なくない部分が、いわゆる死蔵特許として社会で使われないまま眠ってしまうという現象が発生してしまった。このような状況を受け、最近では主要な企業が本当に重要な基幹技術を特許にすらしないという風潮が拡散してしまっている。

特許にして公文書で公開してしまうと，かえって技術が流出して模倣されるのではないかということをおそれての行動である。結果的に，日本の現状は知財立国の掛け声には程遠く，知財を活かした企業経営はほとんど定着していない。せっかく国が法律を整備しても，このような悪循環が発生してしまっては意味がない。なぜこのようになるのだろうか。根本的な問題は，日本企業の旧態依然とした秘匿体質にあると，筆者は考えている。公表すれば必ず真似される，真似されないためには秘密にするしかないという，古い固定観念を脱することができないでいるということだ。

意匠に関しては，さらにはっきりと，この固定観念が表れている。発売される物品の意匠を秘匿するのは不可能であることから，物品の色や形は真似されて当然だ，真似されるものは経営資産ではないという短絡的な判断を，いまだに脱することのできない企業が大半なように思われる。デザイン経営の意味するところは，このような固定観念を打破することだという解釈も可能である。公表するからこそ他者に真似されにくくなる。仮に表面的に真似されたとしても，それは偽物として社会から追放されていく。それこそが本当のブランドといえるのではないだろうか。

第5章　デザインの効果

デザインの数値化問題

ここまでにも、いくつかの観点から、デザインとコストがトレードオフ関係にあると考えるべきでないことを述べてきた。にもかかわらず、日本で少なくない経営者がそう考えてしまいがちな理由の一つとして、デザインの経済的効果を数値で示しにくいという問題をあげることができる。

事実、まずもって官公庁や地方自治体などにおける公会計には、「デザイン費」という費目自体が存在しない。民間企業であれば、デザイナーの仕事を帳簿に記載する際には「デザイン費」として計上するだろうが、公会計では、「人件費」「モックアップ購入費」「図面購入費」「委託研究費」などとして計上され、資産購入の費目に「デザイン費」という文言が登場することはない(経済産業省、二〇一二)。このように「デザイン費」がないことが影響して、たとえば国や自治体がまとめる企業・経済活動の統計では、「デザイン」という概念自体が存在しないかのごとくになっている。これでは、政府が算出するGDPや生産性の指標に、デザインの効果を数値で反映させられるわけがない。

なぜ公会計の費目には、デザイン費がないのだろうか。簡単にいうと、「成果物がデザインされたものか否かを客観的に判断できないから」だとされている。デザイナーが「これはデザインした成果物だ」と主張してきたものが、じつは何の工夫も施されていなかった場合、それにデザイン費を支払ったとなると、一種の架空請求に対して公金を支出したのと同じになってしまうと考えるわけだ。

この点について、もう少し詳述しよう。筆者が調べた限りでは、これは何らかの法律によって規定されていることではなく、単にそのような形で長く運用されてきたからという理由、つまり慣例のようである。しかし、とりわけ公会計においては前例踏襲が重視されるので、デザイン費という費目がなかったという事実の意味は重く、これがデザインの効果の数値化を大きく阻む要因になっているといえる。

ただ、いわゆる無形資産を会計上どのように扱うべきかということに関しては、会計学において長い議論の蓄積がある。日本では、経済産業省が研究会を実施し、ブランドなどの経済価値推計の有用性を主張した（経済産業省、二〇〇二）。アメリカやイギリスでは、一九八〇年代初頭からさまざまな解釈が議論され、実際にも、無形資産を最長四〇年間で償却する資産として財務諸表に掲載する運用指針が示されている（古江、二〇〇三）。会計基準を定義する国際会計基準（International Accounting Standards, 以下ＩＡＳ）第三八号では、会計上の無形資産について、①

将来の経済的便益をもたらす蓋然性が高いこと、②取得原価について信頼性をもって測定できること、という二点の認識要件を定義しており、デザインを会計的に認識しようとする場合も、これが適用されると考えられる（小林、二〇一〇）。しかし、この二つの認識要件を満たすと証明されないときは、特許権・意匠権・著作権・商標権・実用新案権といった、別途法律で細目が定められた知的財産として扱う以外には、会計処理ができないことになる。

たとえば、あるデザイナーが、ある地方都市の市役所のウェブサイトを、美しく使いやすいデザインに変更したとしよう。この場合、デザイナーが創造したウェブデザインがいかに素晴らしくとも、ＩＡＳ第三八号が定義する二つの無形資産の認識要件は、どちらも満たしていないことがわかるだろう。市役所のウェブデザインがよくなったからといって、その地方都市の経済が活性化されて将来的に便益がもたらされるという蓋然性は保証されないし、デザイナーがそのデザインをどうやって思いついたのかを論理的かつ客観的に証明することもできないからだ。つまり、無形資産の対価をデザイナーに支払う法的根拠は、何もないということである。

とはいえ、現実問題として、実際に働いたデザイナーへ対価を支払わないわけにはいかない。そこでやむをえず、デザインそれ自体ではなく、デザインが描かれた図面を購入する費用として、あるいは、その図面を描いた労働者（デザイナー本人）の時間単価に基づく人件費として、対価を支払うという運用がなされることになる。かくして、デザインの内容そのものの価値を資産としてどう扱うべきかという課題は宙に浮いたまま，図面・労働など，まるでマルクスの唯物史観のような会計処理だけがまかり通ってしまっているのである。

一般の企業における会計処理は，ここまで杓子定規ではないので，デザイン費は一括外注費の一種として計上されてきた。それでも公会計の影響力は大きく，税務署や会計士も最終的にはその基準に従おうとする。そのため，個々の取引の請求書・領収書には「デザイン費」と記されていても，最終的に企業が有価証券報告書などで会計報告をする際には，それらは単なる経費の一部分にされてしまい消失する。このような状況では，仮に日本企業におけるデザインの効果を財務的に計量したくとも，会計的な方法での数値化はきわめて困難である。

民間企業では，このほかにもデザインの効果を測る上での実務的な問題がある。たとえば，あるヒット商品の成功要因は何だったのか，担当者が経営陣へ説明することになったとしよう。技術革新による新機能なのか，お買い得感のある価格設定なのか，あるいは優れたデザインなのか，といった比較の中で分析していくと，デザインだけが数値データで説明できないため，その貢献度をあいまいにしか評価できない。つまり，たとえ「デザイン費」という費目があったとしても，その質の高さを証明するには，結局のところ「売れたかどうか」という間接的な結果論に頼らざるをえないということである。

消費者にアンケート調査をすれば，デザインの質が測れるという考えもあるだろう。しかし，消費者によるデザイン評価に留意すべき点があることは第2章で指摘した通りであり、実際にもアンケートとビジネス成果との間にはかなりの乖離が生じるといわれている。

デザイン組織のKPI研究

このような、デザインの効果を数値化するという難問に対し、先端的な企業はどのように取り組んでいるのだろうか。図5-1は、ソニーグループ クリエイティブセンターが作成した、デザイン組織を量的に評価するためのKPI（Key Performance Indicator）のフレームワークである。ここでは、「エンドユーザー（消費者）の評価」だけでなく、自社内における「経営者・事業責任者の評価」、および企業としての「組織オペレーション（会計・人事など）の評価」という、三本柱が重要であるとされている。

しかし、前項で述べたような公会計から派生する問題により、三つ目の「組織オペレーションの評価」には、デザイン部やデザイナーの質的な貢献をうまく反映できないおそれがある。また一つ目の「エンドユーザーの評価」をめぐっても、前項末で振り返ったような問題が付随する。

図５−１　デザイン組織を量的に評価するためのフレームワーク

エンドユーザーの評価	経営者・事業責任者の評価	組織オペレーションの評価
・製品・サービスの満足度 ・ブランドイメージ	・事業への貢献（売上・競争力強化） ・ブランド価値向上への貢献（ストーリー，タッチポイント） ・新価値創造への貢献（新事業・開発・発明）	左の２項目に加えて， ・組織経営の健全性（ヒト，モノ，カネ）

© Sony Corporation

したがって、二つ目の「経営者・事業責任者の評価」にこそ、しっかりとした量的評価の定着が求められることになる。デザイン部やデザイナーの質的な貢献を、高い再現性をもって量的データに変換するために、指標のスタンダード化が必要とされているのである。

ところが、やはりこれに関しても、企業間で評価の方法や内容に大きなばらつきのあることが懸念される。経営に対するデザインの貢献について興味・関心の強い企業であれば、それなりに適切なものが備わっていると推察されるが、デザインへの理解が薄い企業では、適切な評価がなされていない可能性が否めない。そこで前出のソニーは、一橋大学データ・デザイン研究センターとの協働により、自社内で運用して一定の実績を積んでいる経営者・事業責任者向けの量的調査方法を広く開示し、有力な企業間で同一の評価方法を共有しようとした。筆者自身も主体的に参加するこの計画には、二〇二一年八月段階で、パナソニックのデザイン本部、富士通のデザインセンター、資生堂のクリエイティブ本部が共鳴し、共通の量的調査方法を試行しているところである。研究が進むことで、経営者のデザイン活用に対する関心度に左右されずに、自社が持つデザインの力を安定的に数値評価できるデータの蓄積が可能になることが期待される。以下で、この研究プロジェクトについて、もう少し詳しく紹介しよう。

背景となったのは、日本において、大企業を中心に、デザイナーを雇用する制度（インハウスデザイナー制度）が普及していたことである。そのような社内デザイン組織（デザイン部など）は、他の部門・部署と職能が大きく異なるため、組織活動の成果を量的に評価しにくいことが課題となっていた。組織活動評価の難しさは、デザイン人材の雇用や処遇、あるいは企業経営に対するデザインの貢献度の計測・評価といった点にも大きく影響する。この課題を解決し、経営においてデザインの活用を促進していくためには、企業を横断する形で、デザイン組織の活動を共通の視点から量的に評価する手法の開発が有効と考えられた。

そこで、一橋大学データ・デザイン研究センターでは、ソニーグループ クリエイティブセンターが社内で試作・運用してきたデザイン組織を客観評価する大規模社内調査の仕組みを原案として、パナソニック デザイン本部、富士通デザインセンター、資生堂クリエイティブ本部においても同様の社内サンプル調査を実施し、検証を行った。調査対象は、事業部等、デザイン組織

社内他部門によるデザイン組織への満足度（%）
＝0.478×「商品開発力」スコア＋0.15×「コスト」スコア＋0.246

から見たステークホルダーである。回収できたサンプルサイズは、ソニーが一三四、パナソニックが一三六、富士通が一一五、資生堂が八〇、四社合計で四六五にのぼった。

これらのデータをもとに、因子分析という手法を用いて、デザイン組織の評価としてどのような要素が高い説明力を持つのかを検証した結果、「商品開発力」「情報の提供」「ブランドの一貫性」「アウトプットの速度」「コスト」の五要素が抽出された。うち、最も重要な要素は「商品開発力」と「コスト」である。この結果に基づいて、さらに、社内他部門の所属員が抱くデザイン組織への満足度に関する推計式を、重回帰分析により導出したところ、上掲のようになった。

これについて、決定係数と、その統計的有意性を検定したところ、前者（R^2）は〇・四二五（一％以下の水準で有意）だった。決定係数とは、重回帰式が実際の現象をどの程度再現できているかの「あてはまり」度合いを示すとされる指標で、0〜1の間の値をとり、大きいほど現実の再現性が高いと考えられている。上述の数値は、決定係数として高い水準ではないものの、有意性の検定においては良好な結果を得られたため、調査自体の正確性や分析結果の妥当性に関して一定の成果を収めたといえそうだ。

なぜ決定係数があまり高くなかったのかというと、上記・五要素それぞれの重要度、および重回帰分析による推計式が、参加各社の企業戦略を強く反映して、大きく異なっていたからだと考えられる。やはりデザイン組織への期待や評価のポイントは企業ごとに違いがあり、今回のソニー、パナソニック、富士通、資生堂の間でも、それらは異なっていたということである。今後、同様の調査に参加する企業がさらに増え、多様な企業戦略が反映されていけば、重回帰式および決定係数の質は向上していくだろう。

これらの分析結果を受け、一橋大学データ・デザイン研究センターは、元の調査項目と調査方法、および導出された五要素とその重回帰式を用いて、各企業におけるデザイン組織のパフォーマンスを評価するKPIが策定できると結論づけている。このKPIを用いることで、自社のデザイン組織が、どのような要素についてどの程度の社内満足度を獲得できているか、そして、それは他社と比較してどれくらいの水準にあるのかを、相対評価することが可能になると考えられるのである。社内デザイン組織を有するさまざまな企業に、量的経営指標が幅広く活用されることで、経営・事業に貢献するリソースとしてデザインの活用が活発化することが期待されよう。

この研究は現在も進行中であり、さらに深い分析が予定されている。事業部ごとの違いなどの理解や、他の指標の探索も続けられる。また、デザインが企業経営に貢献できる主要な領域として次項で議論する、ブランディングとイノベーションに関し、後者のほうが優位（「ブランドの一貫性」よりも「商品開発力」のほうが重要）との結果が出ており、このことの意味も検証が必要とされている。しかし本書で同研究の紹介はここまでにしておき、次は、いま述べたブランディングとイノベーションについて考えてみることにしよう。

ブランディングとイノベーション

「『デザイン経営』宣言」（経済産業省・特許庁、二〇一八）でも、デザインがかかわるビジネス上の課題として主だったものは、ブランディングとイノベーションであるとされている。たしかに、よいデザインは、ブランドイメージの醸成に強い影響を与えるであろうし、製品・サービスがどのようなイノベーションを実現しているかを効果的に伝えるだろう。本項では、この二点につき、筆者自身がこれまで実施した調査結果を紹介しながら、デザインあるいはデザイナーとの関係を考えていこう。

まずブランディングである。企業のブランドイメージに関しては、それを測るための指標が無数に開発・利用されているが、本書にとって重要なのは、消費者が対象企業をデザインが優れたブランドと認識しているかどうかである。当該企業の全体的なブランドイメージと、その企業が生み出す各種デザインが結びついていなければ、デザインの力を経営に活かせているとはいえないからだ。

図5-2は、二〇二〇年に筆者自身が日本の一般消費者一〇七三名に実施した調査の結果である。ここでは、各企業について、「数値的な機能・性能」「デザイン」「安全性・耐久性」「価格」の四要素に、それぞれ優れているというイメージがあるかどうかを質問した。図には、無印良品(良品計画)、ユニクロ(ファーストリテイリング)、パナソニック、ソニー、アップル、ダイソン、という六社の結果を示している。

これらを見ると、「デザイン」という要素が、その企業のブランドイメージと深くつながっている企業と、そうとは言い切れない企業のあることが、明確にわかる。四要素はいずれも相対的なものなので、デザイン要素が高割合を示していなくても、その他の要素の割合が高いことによって、全体としてのブランド力が強くなっている可能性もある。しかし、世界的に最も優れたデザイン経営企業と評価されているアップルや、日本企業の中ではデザイン経営に優れていると評価されてきた無印良品に関しては、やはり、そうしたブランドイメージとデザイン要素への高評価が連動していることが確認できる。一方、日本の家電大手二社であるパナソニックとソニーに関しては、デザイン要素の評価も低くはないが、相対的には「数値的な機能・性能」のほうで高評価を得ており、どちらかというと技術主導の「ものづくり」の範疇にとどまっていることが窺える。

六社のうち、ダイソンについては、やや解釈が難しい。第3章でも説明した通り、ダイソンはデザイン思考に則って画期的な掃除機開発で成功した企業といえるが、図5-2を見ると、必ずしもデザインが優れた企業というブランドイメージが形成されているわけではないようなのである。ここで思い起こしてもらいたいのが、前々項でも触れた第2章での議論である。デザイン感度別に家電品の総合評価を示した図2-6は、次のような結果を示していた。すなわち、デザインに高感度な消費者は、家電品を買う際、数値的な機能・性能をも非常に重視する。ダイソン製品は、同ジャンルの他銘柄品よりもかなり割高で、デザイン的にも目立つものだ。したがって、デザインに高感度な消費者を引きつけていると推測して問題ないと思われるが、そうした消費者は、同社のデザイン力を通じて実際に手にとることになった商品に対し、結果としては、その数値的な機能・性能の優位性を最も高く評価したということなのではないだろうか。この調査結果にも、前述した消費者調査でデザインの効果を評価する難しさが現れているといえそうである。同様の傾向はソニーにも少し見て取ることができる。

次に、イノベーションについても考えてみよう。図5-3に示す通り、研究・開発（invention）と社会実装（innovation）の間には深い溝、すなわち「死の谷」があるといわれる。素晴らしい

優れていると思う要素

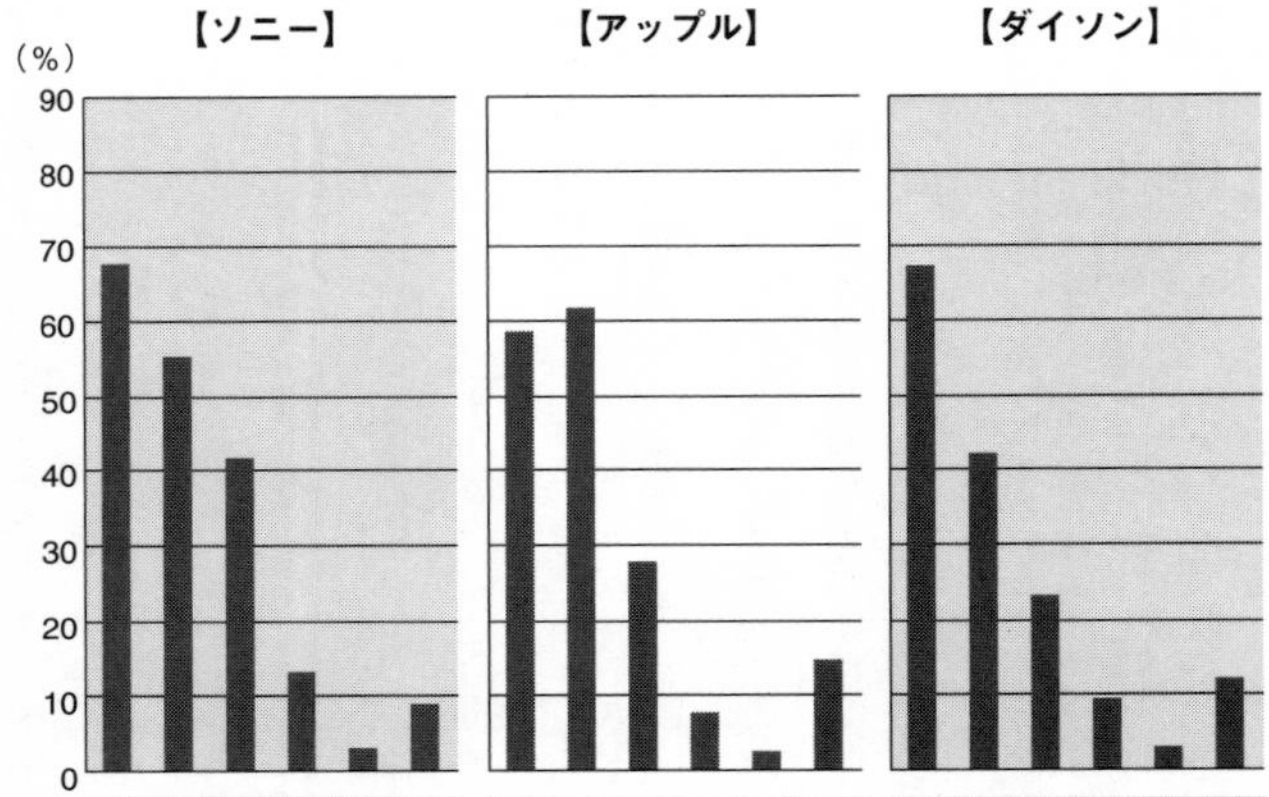

ソニー：数値的な機能・性能	ソニー：デザイン	ソニー：安全性・耐久性	ソニー：価格	ソニー：いずれも優れていない	ソニー：よく知らない	アップル：数値的な機能・性能	アップル：デザイン	アップル：安全性・耐久性	アップル：価格	アップル：いずれも優れていない	アップル：よく知らない	ダイソン：数値的な機能・性能	ダイソン：デザイン	ダイソン：安全性・耐久性	ダイソン：価格	ダイソン：いずれも優れていない	ダイソン：よく知らない	N=
66.6	55.4	41.4	13.4	3.0	9.2	58.6	62.4	27.2	8.5	2.6	14.5	66.4	42.8	33.9	9.6	3.0	12.6	1,073
66.3	47.5	38.6	20.8	3.0	8.9	62.4	65.3	46.5	9.9	5.0	7.9	59.4	39.6	33.7	11.9	3.0	15.8	101
60.0	57.1	30.5	8.6	2.9	8.6	44.8	62.9	23.8	10.5	3.8	16.2	66.7	35.2	29.5	2.9	1.9	9.5	105
65.7	63.9	41.7	15.7	4.6	5.6	53.7	74.1	27.8	10.2	2.8	11.1	62.0	49.1	34.3	15.7	5.6	7.4	108
70.1	57.9	36.4	8.4	4.7	4.7	60.7	60.7	23.4	8.4	3.7	13.1	68.2	45.8	33.6	6.5	1.9	7.5	107
70.3	58.6	43.2	12.6	5.4	6.3	61.3	55.0	18.0	8.1	2.7	17.1	69.4	35.1	23.4	10.8	1.8	16.2	111
70.1	55.1	52.3	16.8	0.0	14.0	67.3	66.4	37.4	12.1	0.9	7.5	70.1	45.8	43.9	14.0	1.9	15.9	107
56.8	50.5	43.2	14.4	4.5	11.7	58.6	73.0	20.7	6.3	2.7	10.8	61.3	54.1	28.8	7.2	4.5	12.6	111
67.9	51.9	47.2	12.3	0.0	8.5	57.5	66.0	23.6	5.7	0.9	13.2	68.9	40.6	41.5	4.7	1.9	9.4	106
72.0	63.6	45.8	16.8	0.9	8.4	61.7	58.9	29.0	8.4	0.0	20.6	73.8	46.7	43.0	12.1	0.9	12.1	107
67.3	47.3	34.5	8.2	3.6	15.5	58.2	42.7	23.6	5.5	3.6	27.3	63.6	35.5	28.2	10.0	6.4	19.1	110

さい。その企業ブランドについてよく知らない場合は，「よく知らない」をお選びください。

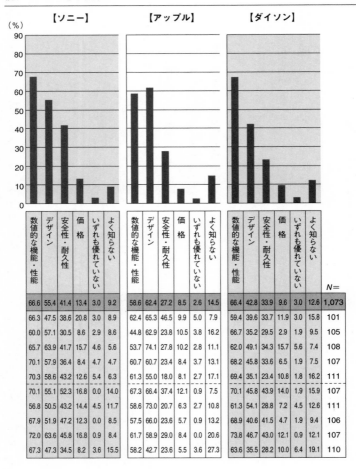

図5－2　企業ブランド別・

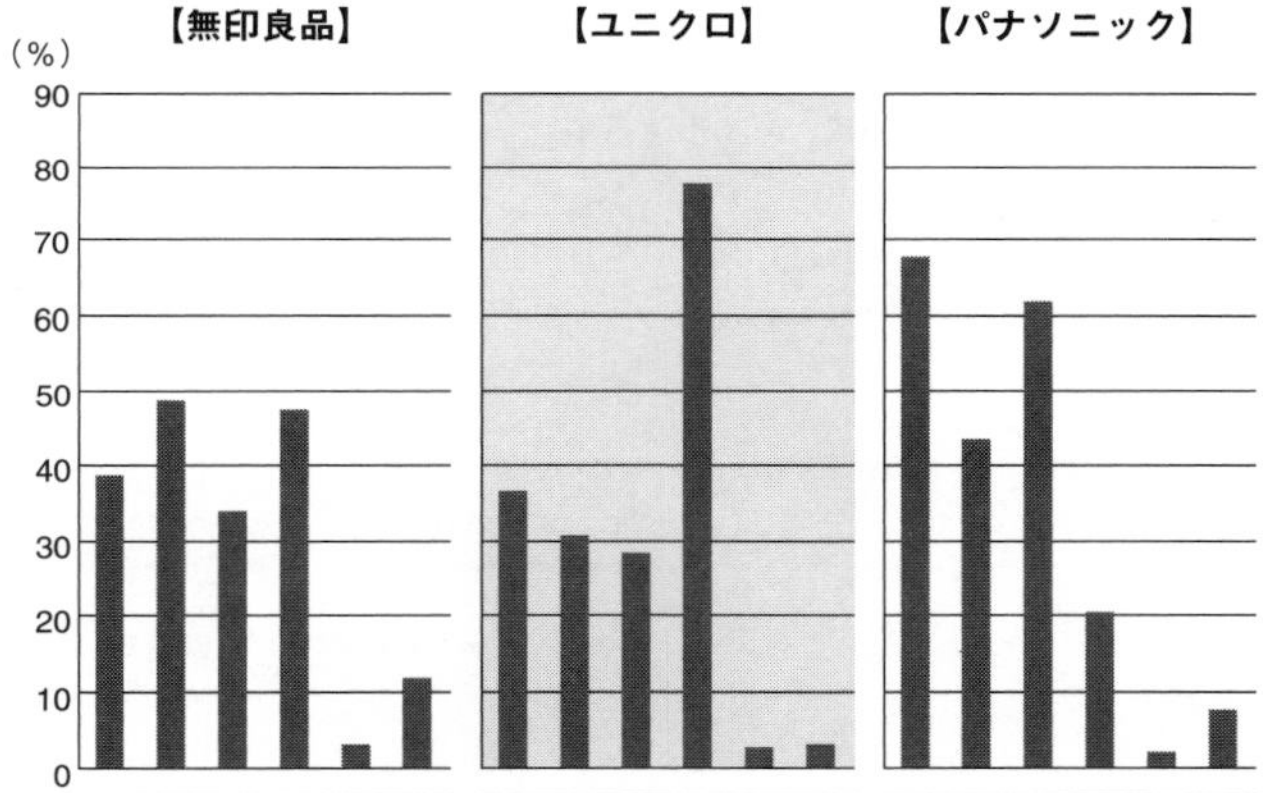

		【無印良品】						【ユニクロ】						【パナソニック】					
		数値的な機能・性能	デザイン	安全性・耐久性	価格	いずれも優れていない	よく知らない	数値的な機能・性能	デザイン	安全性・耐久性	価格	いずれも優れていない	よく知らない	数値的な機能・性能	デザイン	安全性・耐久性	価格	いずれも優れていない	よく知らない
	計	39.2	48.3	33.6	47.1	3.2	11.8	36.3	31.1	28.2	77.8	4.2	4.8	67.1	44.0	61.6	20.1	2.1	7.4
男性	20-29歳	30.7	47.5	35.6	38.6	3.0	13.9	26.7	32.7	24.8	81.2	3.0	5.9	61.4	32.7	56.4	15.8	4.0	7.9
	30-39歳	21.9	44.8	24.8	30.5	7.6	16.2	21.9	25.7	23.8	66.7	4.8	5.7	51.4	45.7	61.9	15.2	2.9	10.5
	40-49歳	26.9	54.6	28.7	47.2	5.6	5.6	28.7	32.4	26.9	78.7	8.3	1.9	64.8	47.2	67.6	24.1	5.6	3.7
	50-59歳	31.8	35.5	23.4	53.3	3.7	15.0	27.1	33.6	16.8	82.2	5.6	3.7	74.8	38.3	61.7	15.9	1.9	3.7
	60-69歳	33.3	24.3	27.0	49.5	5.4	18.9	33.3	29.7	22.5	80.2	2.7	6.3	67.6	40.5	64.9	18.9	3.6	5.4
女性	20-29歳	55.1	61.7	43.9	49.5	0.0	8.4	51.4	42.1	35.5	79.4	0.9	3.7	59.8	43.0	66.4	24.3	0.0	13.1
	30-39歳	48.6	73.9	40.5	55.0	0.9	5.4	49.5	33.3	35.1	81.1	2.7	1.8	68.5	52.3	58.6	20.7	0.0	9.0
	40-49歳	48.1	61.3	38.7	41.5	1.9	5.7	35.8	34.0	31.1	72.6	4.7	4.7	68.9	48.1	57.5	21.7	0.0	5.7
	50-59歳	53.3	48.6	41.1	53.3	1.9	13.1	47.7	27.1	43.0	81.3	2.8	2.8	80.4	45.8	59.8	26.2	2.8	7.5
	60-69歳	41.8	30.9	31.8	50.9	1.8	16.4	40.0	20.9	22.7	74.5	6.4	10.9	72.7	45.5	60.9	18.2	0.9	7.3

注：質問文は次の通り；
　次の企業ブランドそれぞれについて優れていると思う要素をすべてお選びくだ

図5－3　死の谷を越えるデザイン

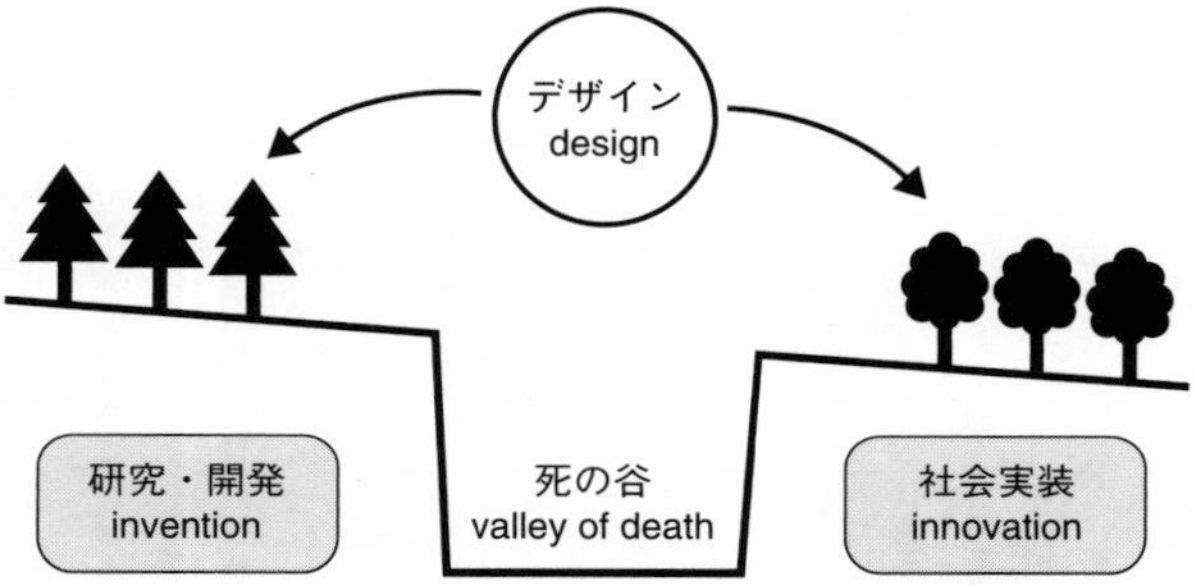

出典：経済産業省・特許庁（2018）より作成

技術も，この死の谷に入り込んでしまうと，生活者の毎日に役立つことなく，ひっそりと消えていく。『「デザイン経営」宣言』は，この死の谷を越える橋渡しのできる要素こそが，デザインであると説いている。よいデザインが，一見わかりにくい技術の有用性を可視化できれば，社会実装につながるのである。

たしかに，技術的にどれほど優れていても，一般の生活者に知覚されなければ評価もされないのだから，技術の存在がわかりやすいようなデザインを施すことは，きわめて重要である。前出のダイソンは，フィルターを使わないサイクロン式という技術を掃除機に用いているが，そのことをユーザーにわかりやすく示すため，デザインを工夫している。それによって，ダイソンの掃除機を購入したユーザーは，スイッチを入れるたびにサイクロン式という技術を使っている実感を得ることができるのである。

無論、イノベーションの死の谷を越える方法は、デザインだけではない。むしろ、これまでは、デザインによって死の谷を越えられると考える人のほうが、少数派であったかもしれない。技術が社会実装にいたるには、より精緻な技術的検証や大きな投資などが重要と考えられていたからだ。すなわち、テクノロジープッシュ（あるいはサイエンスプッシュ）である。これは、技術や科学は必ず生活を向上させるのだから、技術の側から普及を促し続ければ（「プッシュ」し続ければ）、いつかは市場が受け入れるという考え方である。イノベーションの発生プロセスについて解説している丹羽（二〇〇六）も、一九五〇年代においては、基礎的研究がイノベーションを生むテクノロジープッシュ（サイエンスプッシュ）が重要と考えられていたと述べている。

しかし、これははっきりいえば幻想に過ぎない。どれほどプッシュしても社会実装にいたらなかった技術は数多い。たとえば3Dテレビや3D映画は、その一例といえる。専用の3Dメガネをかけると画像が立体的に見える技術は、一時期さまざまな方法で普及が試みられたが、現在にいたっても定着しているとは言い難い。その後、3Dメガネなしでも簡易的に立体映像が見られる技術を実装したテレビも発売されたが、大きくは普及しなかった。あるいは、セグウェイなどに代表される電動パーソナルモビリティも、非常に多くの企業が多様な技術で参入を試みているが、当初想定されていたような普及にはいたっていない。個別にはマーケティング的に成功したといえそうな商品もあるものの、社会の交通システムを変革できるほどのイノベーションは実現されていない。

テクノロジープッシュの反対語は、ディマンドプル（マーケットプル）だとされる。すなわち、社会の側に強いニーズがあれば、それに引っ張られて（「プル」されて）、技術はおのずと普及するという考え方である。しかし、これもまた、モノが飽和した現代社会では幻想に過ぎない。たしかに、今も社会には多様な欲求・不満（ディマンド）が存在するが、それを解決する方法も多様に示されているので、ディマンドによって特定技術の普及可能性が自動的に見出されるほど甘い環境ではない。

このような状況に対して丹羽（二〇〇六）は、近年では、科学技術と市場との双方向コミュニケーションの重要性が認識され、上記のテクノロジープッシュとディマンドプルという二つの逆向きの流れを組み合わせる「カップリングモデル」を考慮すべきと主張している。これに則っていえば、死の谷をデザインが橋渡しするという考え方もまた、テクノロジープッシュでもディマンドプルでもない。

田浦ほか（二〇一八）は、同様の問題について、「ニーズ先導型」（ディマンドプル）、「シーズ先導型」（テクノロジープッシュ）、「プロダクト先導型」（デザインによる橋渡し）という三種類を定義し、それぞれが別の型として併存していると説明する。しかも、イノベーションを実現した実際例を調査し、三つ目のプロダクト先導型がかなり多いことを検証した。これは、デザインがイノベーションの実現に深く関与してきたことの重要な実証データと捉えられる。具体例には、ソニーのウォークマンやTOTOのウォシュレットがあげられている。これらは、既存技術の組み合わせで成り立っており、かつ発売以前にはニーズがまったく顕在化していなかった新ジャンルなので、明らかにプロダクト先導型であるという。

Verganti (2009) も、市場やユーザーによって駆動される「マーケットプルイノベーション」と、技術によって駆動される「テクノロジープッシュイノベーション」、および「デザインドリブンイノベーション」という、三つのイノベーション戦略をモデル化している。この分類は、上述の田浦ほか（二〇一八）とほぼ同じであろう。この中で、デザインドリブンイノベーションは、デザインのプロセスにおいてデザイナーが創出するものと定義されている。デザイナーがモノに与えた「新しい意味」こそが、イノベーションの源泉になるのである。

以上で、ブランディングおよびイノベーションというビジネス上の課題と、デザインとの関係性を見てきた。いずれについても、狭義のデザイン（色や形）を超えて、UXや製品・サービス全体をめぐる広義のデザインが、企業経営の根幹に大きくかかわっていることが示されたといえよう。

強力なネットワーク効果が働く市場環境

続けて、企業経営において広義のデザインが重要になってきている理由を、もう一つあげておこう。それは、情報技術（Information Communication Technology, 以下ICT）の普及によって、ネットワーク効果が強力に発揮される市場環境が形成されてきていることに求められる。こうした環境下において、ある種の製品・サービスは、普及すればするほど価値が高まっていく。携帯電話やインターネットサービスなどが、通信できる相手の増えるほど便利になるというのは、この典型例である。これにともなって、製品・サービスの単位当たり収益は増加していき、収獲逓増の状態になる。当該商品自体の生産コストや市場価格とは関係なく、社会全体の状況から受けている影響（経済的外部性）によって価値が決まるため、このような現象はネットワーク効果（ネットワーク外部性）と呼ばれる。

収獲逓増は、ミクロ経済学で一般にいわれる「市場原理が働いている場合、財の単位当たり収穫は逓減する」という法則に反した状態である。アメリカの経済学者ブライアン・アーサーは、時系列に沿って技術が普及していった順序を調べ、必ずしも優れた技術が勝ってきたわけではないと指摘した。しかも、収穫逓増型の財にそうした状況が発生した場合、後から競合技術が登場しても、すでにネットワーク効果が働いているために、市場は均衡を迎えないまま拡大を続ける可能性があるという。したがって、収穫逓増型の財については、市場参入の早い者がほぼ必ず競争を勝ち抜き、逆転はきわめて困難であると主張した（Arthur, 1994）。発表当時は批判も多かったが、二〇〇〇年代に入って、いわゆるＧＡＦＡ（グーグル、アップル、フェイスブック、アマゾン）が、これを実現してしまったことで、再び注目を浴びるようになった。

日本企業には、「よい商品をつくれば必ず売れる」という、一種の神話のようなものがあるように思われる。つまり、たとえ市場参入が遅れても、あるいは強力な競争相手がすでに市場を占拠していても、後でよい商品をつくり出して導入すれば、長い目で見れば必ず逆転できる、と信じているということだ。その背景にあると考えられるのが、高度経済成長期以降の家電・乗用車産業などでの成功体験である。これらの多くは、もともとアメリカあるいはヨーロッパ各国の製品が占めていた市場へ、高品質・低価格を売りに日本製品が参入し、逆転してシェアを拡大したという経緯を持つ。ホンダが、一九七〇年にアメリカで制定されたマスキー法に対応するＣＶＣＣエンジンを開発し、同国の小型車市場シェアを一気に獲得した有名な例は、その典型である。こうした体験が、日本企業が「よい商品をつくれば必ず売れる」神話を形成する要因になったといえる。

ところが、先に述べたように、ネットワーク効果の働く市場環境では、こうした逆転がほとんど起こらない。しかも、市場は均衡を迎えることなく、勝者企業は果てしなく拡大していく。日本企業が信じてきた神話は、すでに幻想と化しているのである。

ではGAFAは、どのようにして早い者勝ちの市場でネットワーク効果を味方につけたのだろうか。これらの四社には、サービスプラットフォームを「デザイン」することで顧客の支持を得てきたデファクトスタンダード型企業であるという、共通の特徴がある。新奇な技術を駆使して「よい商品をつくる」よりも、既存の技術をうまく組み合わせて、デザインの力でユーザーにわかりやすく使いやすいICTプラットフォームを生み出し、そこに無数の関連企業をプレイヤーとして招き入れることで、成功の礎を築いたのである。こうしたGAFAの成功から得られる重要なヒントは、ネットワーク効果が働く市場においては、まさにデザインの力によるイノベーションやブランディングがきわめて有効であるということだ。

日本で、GAFAのような業態は、政府統計上の業種分類では「インターネット附随サービス業」と呼ばれている。このような産業は、今のところ、いわゆるデザイナーが活躍する産業とは思われていないのではないだろうか。しかし実際には、ウェブデザイナーやUXデザイナーといった新しいタイプのデザイナーが多数出現し、活躍している。スマートフォンのアプリ開発なども、従来のようにシステムエンジニアだけが担当する業務ではなくなりつつあり、新しいタイプのデザイナーが、エンジニアと二人三脚あるいは単独で担当するケースが多くなってきているという。それは、こうした仕事に、第3章で説明したようなデザイナーならではの思考方法が有用であるからにほかならない。

今後は一層、世界のあらゆる産業に、ネットワーク効果の働く環境が拡がっていくことが予想される。これにともなって、デザイン経営の重要性が増していくであろうことも確かなように思われる。戦後ずっと続いてきた技術開発中心の「ものづくり」重視経営が、根本的な変革を迫られているといっても、あながち大袈裟ではないのである。

第6章　デザイン経営とデザイン人材

公共セクタとデザイン

本章でいよいよ、第1章の図1-2（デザインの定義）に最も外側の枠として示した「経営のデザイン」を議論していくが、その前に、企業と並んで組織的にデザインの力を活かすべき存在といえる公共セクタの現状を少し見ておきたい。というのも、高度経済成長期に始まった日本のデザイン産業育成政策は、一九八〇年代後半に一度、地域経済におけるデザイン産業の活性化という形でピークを迎えたといわれているからである。一九八九年に名古屋で開催された世界デザイン博覧会は、それらの象徴だったとされており、またこの後も、地域の伝統工芸産品のテコ入れにデザイナーの参画を補助する政策などが各地で実施されてきた。従来、デザイン産業は地域経済と結びつきがあったのである。

しかし、現在も両者の結びつきが強固かといえば、それには疑問を感じざるをえない。民間企業レベルでは多様なコラボレーションが見られるものの、地域経済の要ともいうべき地方自治体によるデザイン力活用が、活発とは言い難いからである。このことは、以下のようなデータからも窺うことができる。図6-1に、「日経テレコン」におけるキーワード出現数の推移を示した。

図6－1　「デザイン」「デザイン＆自治体」キーワード出現数推移（1990年＝1）

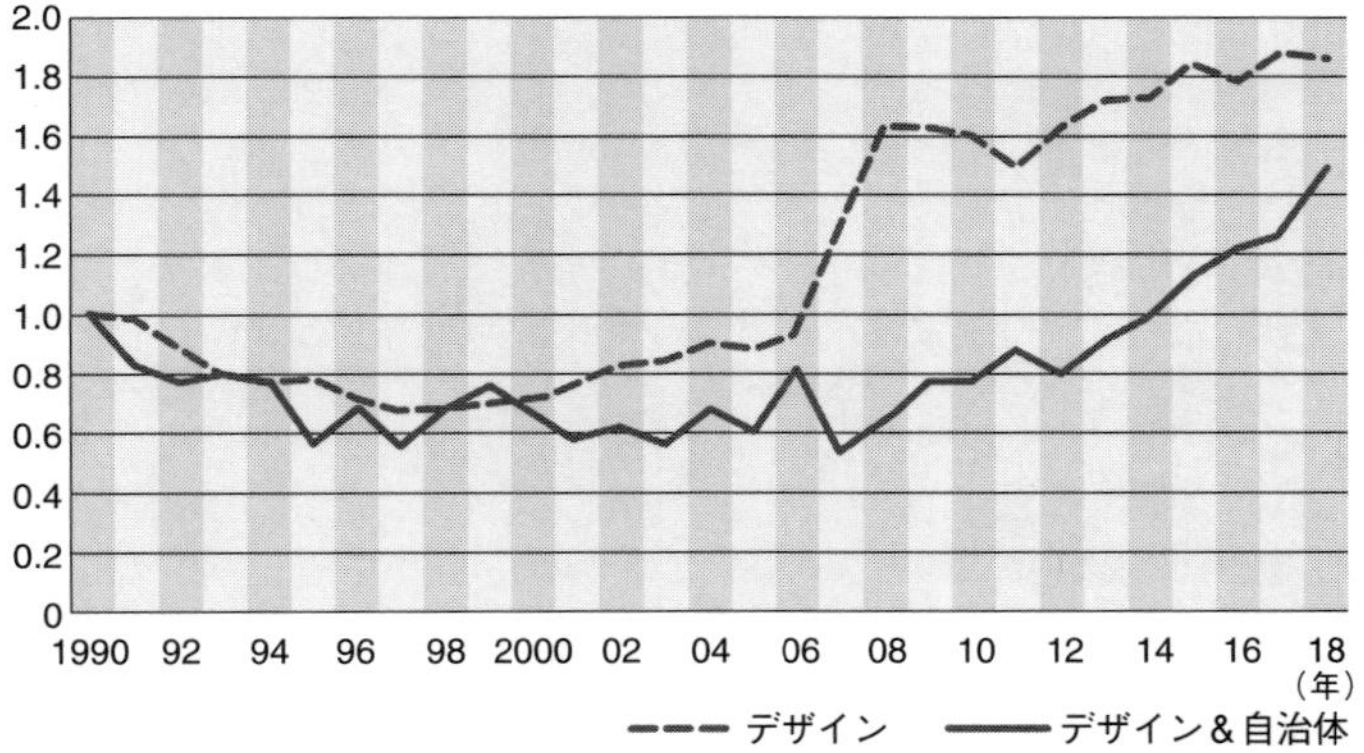

出典：「日経テレコン」より筆者作成

対象のキーワードは、「デザイン」単独と、「デザイン」「自治体」という二語の組み合わせの、二種類である。いずれについても、一九九〇年を1とした係数を表している。二本の折れ線を比較すると、一九九九年ごろまではおおむね同じような傾向であったのが、二〇〇〇年以降だんだんと差が開き始め、二〇〇七年を境に決定的な差がついてしまっている。第1章（図1－1）でも見た通り、二〇〇七年ごろはデザイン思考の流行などによって「デザイン」というキーワードの出現数が大きく増加した。これに対し、「デザイン」と「自治体」の組み合わせのほうは伸び悩んでいる。二〇一〇年前後より増加基調を見せてはいるが、一九九〇年の水準を回復するのも、ようやく二〇一〇年代後半になってからという状況である。

この結果が、実態を直接的に表しているとまではいえないだろうが、傾向を示すものとして的外れとも思えない。地方自治体には、伝統産品を含む地場産業育成、観光、ふるさと納税対応、福祉事業など、デザインの力を活かせる業務が山積しているはずである。ところが、地方自治体がデザインの力を組織的に導入・活用したとされる事例は非常に少ない。

そうした中で、兵庫県神戸市役所による専属デザイナーの雇用は、貴重な成功事例といえる。同所では二〇一五年から「クリエイティブディレクター」として山阪佳彦氏を採用し、神戸開港一五〇周年記念事業など、多くの成果を上げた。山阪氏は、一万八〇〇〇人にものぼる職員全体のデザインに関する理解度・関与度を高めることに重点を置き、さまざまな部署で研修を行ったり、相談に乗るなどした。デザイン思考の普及にも取り組んだところ、当初は、どの部署も「うちにデザインは関係ない」という反応だったのが、調べてみるとデザインの貢献できる業務がたくさん発見されたという。実務的にも、デザイン関連業務の発注が細かく分離されすぎて、優れた案を採択し損ねるような構造になっていたため、三年間の任期中に山阪氏自ら一〇〇回以上も審査に参加し、徐々に改革が進められた。

しかし、このような事例は本当に数えるほどしかなく、全国に一八〇〇余りもある公的自治体組織の大多数は、デザインの力をまず活かせてはいない。これでは、地域の経済主体と地元のデザイン産業が効果的に連携することは難しいだろう。

公共セクタにおけるこのような問題の根源も、企業と同じところにあると、筆者は見ている。おそらく、ほとんどの行政官・首長は、デザインを狭義にしか捉えていない。残念ながら過去のデザイン産業育成政策は、デザインの定義拡大に寄与しなかったようだ。結果として、近年のデザイン思考の流行にも、地方自治体の多くが乗り遅れてしまっている。

前章までとは少し異なる対象について考えてみたが、デザインの定義をめぐっては、むしろ共通した状況が見えてきたといえそうである。すなわち、感度の高い先端的な人・組織の間では、すでに拡張的な定義が強く意識され、それに基づいた実践が行われることで確実に効果が出ているが、そうではない大半の人・組織には認識すらされておらず、当然デザインの活用も従来通りの範囲にとどまっている。第3章の後半で紹介した、デザイン思考の普及が振るわない状況は、それを端的に示している。デザインの定義は、それを拡大しさえすれば、デザインの積極活用が自動的に促進されるわけではない。しかし、そのための必要条件ではあるのである。

著しく低いデザイン経営の普及率

最も拡大された定義である「経営のデザイン」が、ビジネスモデルやエコシステムのデザインを含意していることは、先にも触れた図1-2に示した通りである。前章の最後で述べたように、強いネットワーク効果が働く現代の市場環境においては、このデザインがきわめて重要となるが、日本企業はこれが得意とはいえない。デザイン経営というキーワードによって、他社を模倣したビジネスモデルで逆転の見込みが薄い競争に参入するのではなく、独自にデザインしたビジネスモデルでプラットフォーマー企業を目指すという方向性が示される意義は大きい。

ところが、デザイン経営という考え方は、やはり多くの日本企業にとって唐突なのか、ほとんど普及していない。筆者が二〇二〇年二月に実施した調査結果で、改めてその認知率を確認すると、「デザイン経営という言葉自体すら、「よく聞いたことがある」「聞いたことがある」の合計が、わずか五%ほどである（図6-2）。さらにデザイン経営の内容まで知っている割合となると、「よく知っている」「知っている」の合計が二%にも満たなかった（図6-3）。もちろん「経営」に関する概念なので、一般のビジネスパーソンになじみがなくとも仕方のない面はあるが、かつ

図 6－2　デザイン経営の認知率

あなたは「デザイン経営」という言葉を聞いたことがありますか。

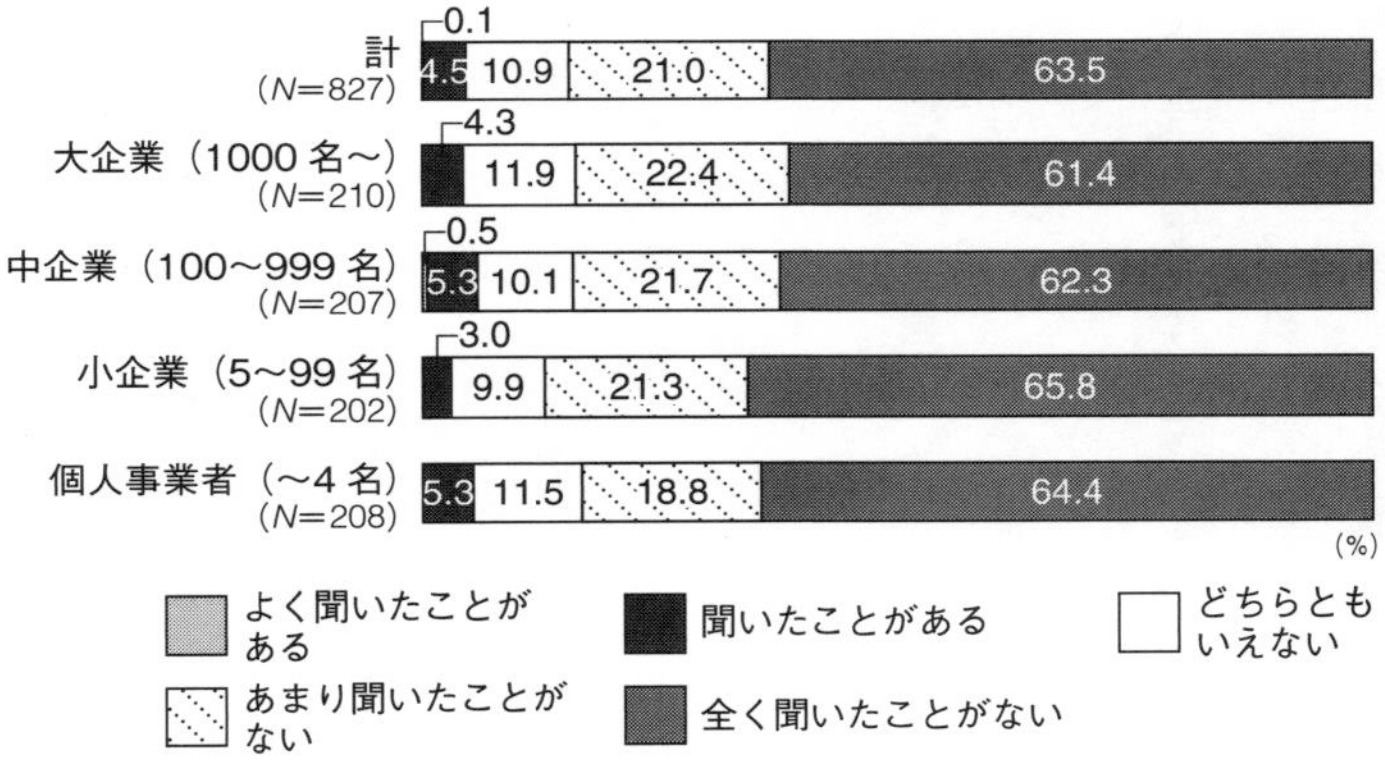

図 6－3　デザイン経営の内容理解率

あなたは「デザイン経営」の内容について知っていますか。

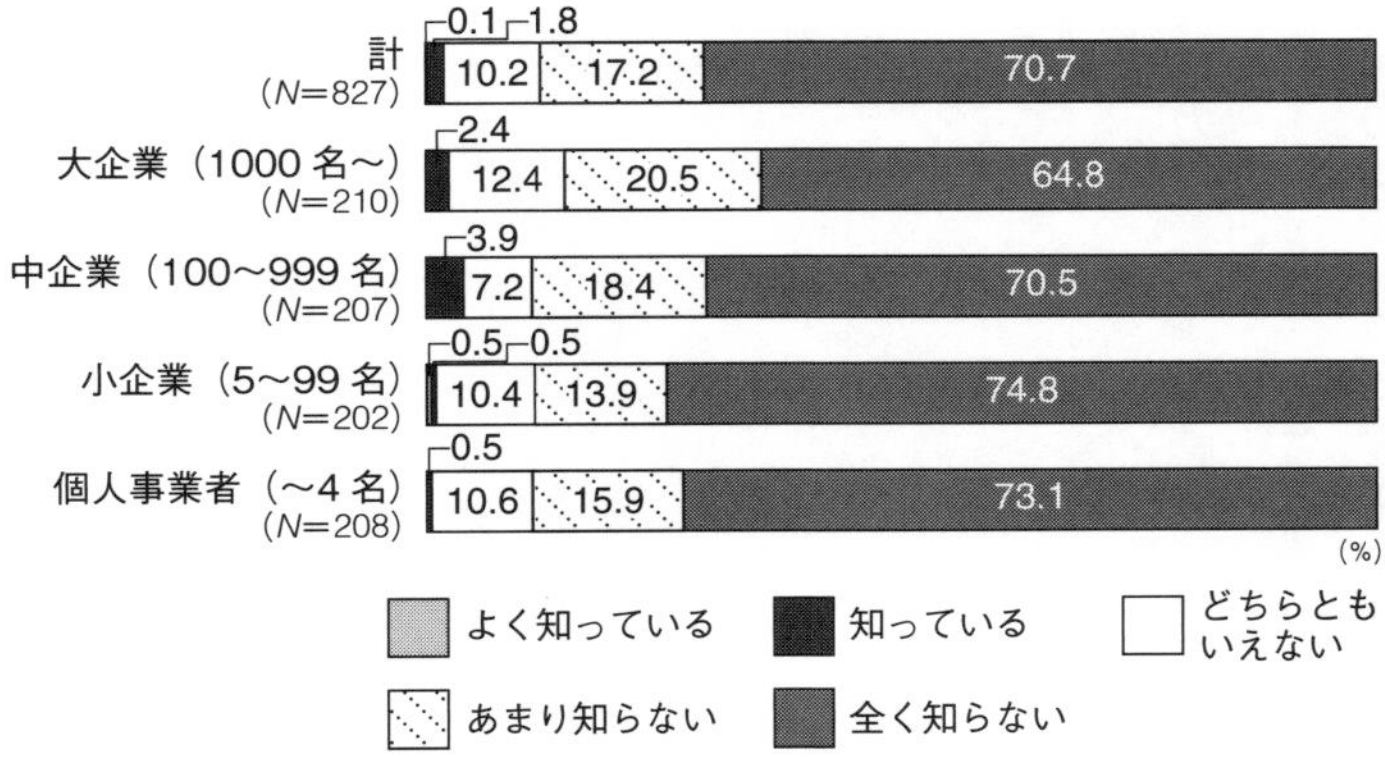

ての技術経営やキャッシュフロー経営、最近ブームになっているESG経営や健康経営と比べても、認知率・理解率が低すぎるように思われる。

ただ、この調査結果で興味深いのは、大企業（従業員一〇〇〇名以上）よりも、中企業（従業員一〇〇～九九九名）に勤めるビジネスパーソンのほうが、デザイン経営についての認知度・理解度が高かったことである。大企業は、デザインを軽視してきた従来型の日本企業の、いわば象徴ともいえる。それに対して中企業には、旧来の考え方に囚われないタイプの新進企業が一部含まれていると考えられる。調査結果は、そのような新進企業が、新しい経営の考え方を取り入れようとしていることの表れだったのかもしれない。

「『デザイン経営』宣言」

二〇一八年五月二三日、経済産業省・特許庁は、「産業競争力とデザインを考える研究会」とともに、「『デザイン経営』宣言」という報告書を公表した。これと並行して第4章で説明した意匠法の大幅改正も実施し、今後、長期間をかけて日本企業の経営スタイルに大きな変革をもたらそうという強い意欲を表明したのである。

両省庁がこのようなメッセージを発するにいたった背景には、過去二〇年余りの世界的な社会環境変化の中で、今までの国づくりの根幹が岐路に立っているという危機意識があったものと推察される。約四〇〇万社にものぼる中小企業の多くが、次の一〇年に深刻な事業承継の危機を迎えるとされている。また、科学技術研究の国際競争においてはアメリカ・中国に遠く及ばず、今後のキャッチアップも困難になりつつある。つまり、実務的にも学術面からも、従来的なエンジニアリング中心の競争力維持が難しくなってきている。第三次産業中心の社会体制の中で求められる、より広義の新しい「技術」へと、国づくりの根幹を転換していかなければならない。このような転換のことは、「第四次産業革命」とも呼ばれるが、それに対応する新しい知財経営・技術経営全般を称して、「デザイン経営」というキーワードが用いられているといえる。

本書ではここまで、デザインを広義に捉えるべきこと、それとともにデザイン思考が経営に活きる考え方であると理解し、デザイン部以外の管理職・経営層をはじめとする多くのビジネスパーソンがこれを身につけるべきことを説いてきた。しかし、「『デザイン経営』宣言」が示唆する具体的な取り組みは、より直接的である。この宣言が謳う「デザイン経営」とは、企業組織内外のデザイナーが、もともとの狭義な職能を超え、経営の中枢の意思決定に参画することを指す。そのことによって、いわゆる理系・文系の人材で占められてきた経営の中枢を、大胆に変革していくべきという。

多くのデザイナーは、企業経営の専門知識をあまり持たない。そういった人材を経営の意思決定に参加させることに、違和感や疑念を抱く人は少なくない。しかし、デザイナーの思考は既存の技術や会計制度などによる制約を受けにくく、またコミュニケーションにおいてもデータや文字のみならず絵や物体を用いて豊かなイメージを喚起することに長けている。こうした能力が経営の意思決定現場に持ち込まれることによって、顧客起点での具体的な商品・サービス立案や、硬直的な意思決定の打破および創造性の回復が期待されるのである。

このことは、第3章のデザイン思考をめぐる議論において詳しく述べた通りであるが、少し振り返っておこう。理系の学問体系は、科学的再現性を最重視している。なぜならば、再現性こそが未来に発生するできごとを事前に予見する条件だからである。再現性を担保するために、対象には厳格な定義（想定）が求められる。厳密に定義・想定したことについて、普遍の真理を探究・発見し、それを何度も再現することで、未来の人類文明を向上させようとしている。一方、文系の学問体系は、基本的には過去に発生したできごとを再検証することで、ある種の繰り返し現象を探求・発見し、それに基づいて未来の人類文明を向上させようとする。ただ、未来ということは直接の目的に掲げられない場合も多く、それよりも過去のあらゆる事実を幅広く多様に理解することのほうに重きが置かれている。したがって、対象の定義（想定）は理系ほど厳格にはなされない。そうすることにより、過去の一部分しか理解できなくなってしまう危険を避けるためである。両者の特徴を、あえて簡単に表現すると、理系型発想は演繹推論重視、文系型発想は帰納推論重視といえる。

この両方、すなわち、これまで企業経営の中枢を占めてきた人材が持つ典型的な発想法にとって、手が届きにくくなっているのが、「未来の想定外」である（図3-3）。この領域については、演繹でもなく帰納でもないアブダクションによる仮説構築、および構成的な発想法が有用であると述べた。「未来」（つまり、まだ起こっていない）かつ「想定外」のことを考えるには、多かれ少なかれ、何かを創造するという行為が必須だからである。そして、デザイナーはこれが得意であるということが、デザイン経営の主張の根拠になっている。実際、未来の想定外について企業経営者が戦略立案や意思決定をしなければならない場面は増えてきているように見える。コロナ禍による社会変動も、まさにその一つだった。こうした状況下で、従来の延長線上で考えられた技術開発（理系）的あるいは企業会計（文系）的な対応が無力だった事例は、枚挙に暇がない。

それでもまだ、デザイン経営は荒唐無稽と思えるかもしれない。しかし、アップルやダイソンは、実際に経営意思決定の中枢にデザイナーを参画させ、大きな成果を上げてきた。日本企業でも、レクサスインターナショナル元プレジデントの福市得雄氏、マツダ常務執行役員の前田育男氏、日産自動車元専務執行役員の中村史郎氏など、デザイナー出身者が会社役員を務める例が現

表6－1　デザイン経営の実践例

企業名	主なデザイン経営の実践内容
アップル（アメリカ）	主力商品であるMacintoshにグラフィカルユーザーインターフェース（GUI）をIBM陣営に先駆けて導入。その後深刻な経営不振に陥るが，筐体に斬新なデザインを用いたiMacシリーズで復活。さらにジョナサン・アイブ氏をチーフデザインオフィサーに迎え，携帯型デジタル音楽プレーヤーiPod，GUIを導入した携帯電話iPhoneなどが世界的に成功。現在のスマートフォンという概念自体を，はじめて具現化。
ダイソン（イギリス）	創業者であるジェームズ・ダイソン氏は，ロイヤル・カレッジ・オブ・アートで，家具などのデザイン学と，工学の両方を学び，その後サイクロン式掃除機の技術を商品化するために創業。当初は苦戦したものの，紙パック交換不要の利便性，吸引力の持続性，および斬新なデザインなどを前面に押し出すことで，掃除機の市場を短期間で席巻。
良品計画（日本）	スーパーマーケット西友のプライベートブランドとして1980年に誕生。部長であった金井政明氏が中心となり，外部デザイナー田中一光氏とコピーライターの小池一子氏をクリエイティブ・ディレクターとして招聘し，成功に導く。その後も深澤直人氏，原研哉氏，須藤玲子氏等をアドバイザリーボードメンバーとして起用し，デザイン性の高い生活雑貨ブランドとして世界的に成功。
レクサス（日本）	トヨタグループの最高級ブランドだが，性能面での高い評価に対し，デザイン面での個性が競合するダイムラーやBMWに比して弱いと評価されてきた。2012年にトヨタ本社デザイン本部長であった福市得雄氏が中心となり，全車種に通じるデザインアイデンティティとしてスピンドルグリルを採用。その成功を受けて2014年にレクサスインターナショナルのプレジデントに就任。
マツダ（日本）	前田育男氏がデザイン本部のリーダーになり，ほとんどの車種を統一的なデザインにすることでブランド力の向上を図るとともに，デザイン力で差別化するという全社戦略を明確化。

れつつある。良品計画（無印良品）も、早くから外部デザイナーを経営のアドバイザリーボードメンバーに起用し、成功してきた（表6-1）。こうした取り組みの拡大によって、企業競争力が強化されることが期待される。インハウスデザイナーを多く雇用しているのが日本企業の特徴であることは、すでに述べた。そうした人材は、経営全体を変革するための潜在的な資源といえるのである。

意思決定の最上流工程におけるデザイン

事実、新製品開発に関して、マサチューセッツ工科大学のグレン・アーバンらは、図6-4のようなプロセス図を示している。ここに「デザイン」が二回登場する。注目すべきは、最上流に「デザイン過程」が置かれている点である。新製品開発の最初に、経営者とデザイナーが話し合い、どのような商品をつくるべきかを決めているということだ。やがてプロセスが進むと、図の中段辺りにもう一度「デザイン」が出てくる。これは、日本企業でも一般的に行われている、商品の色や形を決める行為、すなわち狭義のデザインである。何度も述べてきた通り、日本でデザ

図６−４　経営トップの新製品開発過程への参画モデル

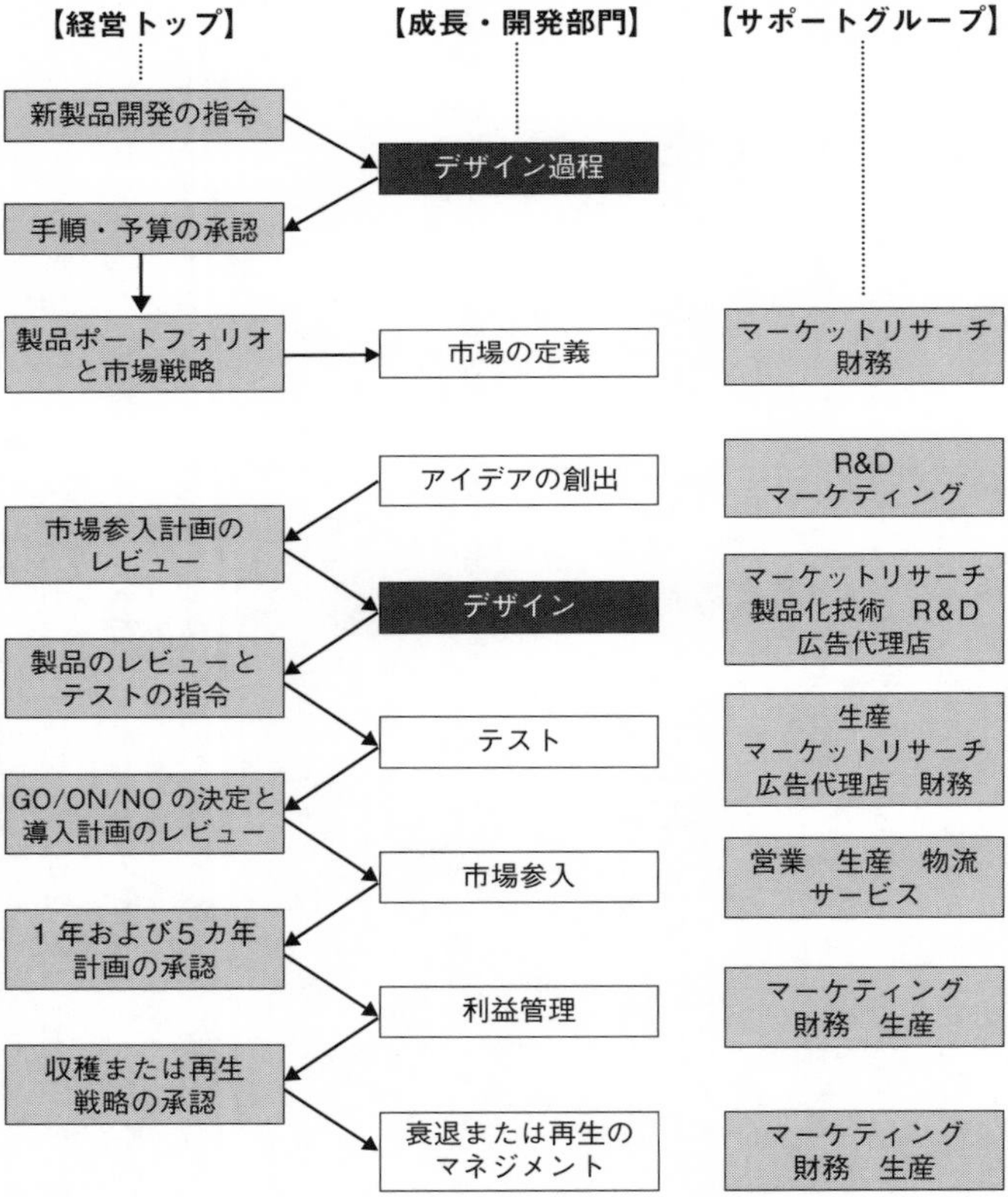

出典：アーバンほか（1989）より作成

インというと、この二つ目のプロセスだけを指すことも多い。

しかし、デザイン経営を行うということは、具体的には、ここでいうところのデザイン過程を組み込むことであるといえるのである。日本に、このプロセスを実施している企業は、どのくらいあるだろうか。これは三〇年以上も前に発表された図である。そのころから、少なくともアメリカの経営学においては、新製品開発の最上流プロセスとしてデザイン過程が意識され、議論されてきたとなると、彼我の差は深刻に思える。

図6-4において、デザイン過程は、「手順・予算の承認」よりも、また当然のことながら「マーケットリサーチ」や「Ｒ＆Ｄ」「マーケティング」よりも前にある。これはつまり、「どんなニーズがあるか」「どんな技術があるか」「いくらで売るか」といったことの前に、デザインが話し合われているということである。無論、この場合の「デザイン」とは、色や形の話ではなく、どのようなＵＸを実現するための商品なのか、どのようなビジネスモデルやエコシステムを創造するための商品なのかといったことである。まずそのことを経営の最上層部がしっかりと議論した上で、どの程度投資すべきかを決定し、それに従ってマーケティング戦略や技術戦略が定められる。このように考えるからこそ、いわゆるプラットフォームビジネスが実現できるのかもしれない。最初に投資額を決め、その枠内でマーケティングや技術革新を行っていても、市場全体を規定するようなプラットフォームが生まれる可能性は低い。筆者は、こうしたところに、ものづく

りにこだわる日本企業とGAFAを育んだアメリカとの違いを見ている。

高度デザイン人材育成の必要性

では、経営の意思決定の最上流工程で、イノベーションを伝えるためのデザインや、ブランディングを実現するためのデザインを遂行できるのは、どのような人材なのだろうか。「そんなスーパーマンがいれば、デザイナーに限らずとっくに重用している」という経営者の声が聞こえてきそうだが、デザイン経営は何も、そうした幻想をデザイナーに押しつけようとするものではない。

デザイン経営の観点から見たときの日本企業最大の問題は、やはり、経営においてデザインあるいはデザイナーの存在が希薄すぎるため、その貢献や効果がほとんど無視されてきたことであるといえる。日本企業はたしかにインハウスデザイナーを数多く雇用してきた。それでも、数十万人規模の大企業ですらデザイナーの人数は多くて数百である。営業職員やエンジニア・研究職員の数は、その数十倍から百倍にものぼるであろう。デザイン人材の数が少なすぎるから、理想

図6－5　ビジネス現場における高度デザイン人材のイメージ

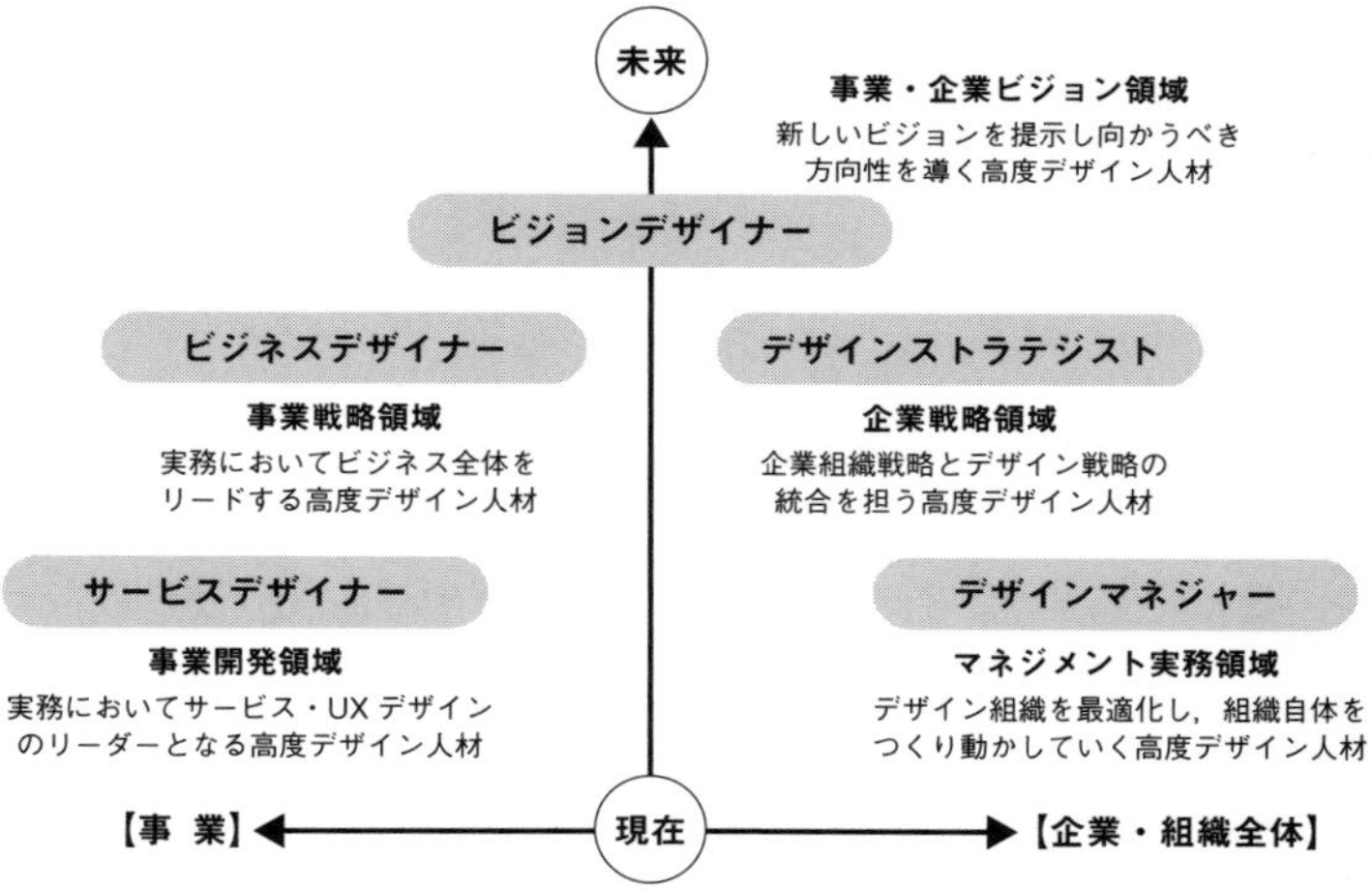

出典：経済産業省（2019）より作成

を並べるとより現実感がなく、まるでスーパーマンのように感じられてしまう。母数の少なさからいえば、デザイナー出身の役員が限られるのも当然なのである。この点は経済産業省も問題提起している。問題は、質もさることながら、まずは量ということだ。

図6-5は、経済産業省が二〇一八年一一月に設置した「高度デザイン人材育成研究会」の報告書に示されている、デザイン経営の実現に必要とされる種々のデザイン人材像である（経済産業省、二〇一九）。ここで重要なのは、デザイン人材の種類が複数あり、それぞれについて既存人材からの転換が想定されている点である。

各人材像を順に見ていこう。まず「サービスデザイナー」は、サービス産業でのUXデザインができる人材を指す。日本企業では、この種のデザイナーが圧倒的に不足しているといわれるが、現在のプロダクトデザイナー、建築デザイナー、ファッションデザイナーの中に、転換が可能な人材は十分いると考えられる。また、ウェブデザインやスマートフォンのアプリ開発などが得意なＩＴエンジニアが、このような形のデザイナーを名乗ることも強く推奨される。

次に「ビジネスデザイナー」は、ビジネス現場でデザイン思考などの手法を用いてリーダーシップを発揮し、技術と市場との橋渡しを実現する人材である。まさに「イノベーションを伝える」原動力としてデザインを活用できる素養が求められるが、前章で説明した通り、このタイプのデザイナーは、貢献が数値評価されにくい。その問題を克服し、これらデザイナーの活動を正当に評価するためにも、先に述べた「デザイン費」の費目明確化は重要なのである。現在のマーケターや、技術の社会実装を目指すエンジニア領域のリーダーが、このタイプのデザイナーへ転換していくと、デザイン経営の推進につながると考えられる。

「デザインマネジャー」は、現在でもインハウスのデザイン部には存在する人材である。デザイン経営を推進していくためには、こうした人材が全社を見渡して、デザイナーを最適に活躍させるためのマネジメントに携わることが必要になる。どういったタイプのデザイナーが、どのような事業に、どう貢献し、どのくらい成果を上げたか、それをどういう形で記録に残すのか、などについて判断できなければならない。これに関しても、前章で取り上げた、デザイン組織のパフォーマンスを評価するＫＰＩの内容が参考になろう。このような仕事は、いわゆる管理業務に近く、その担当者をデザイン人材に数えることを疑問に思うかもしれない。しかし、標準的な評価指標がない現在、デザイン実務に精通した人材でなければ、これらの業務を適切に遂行するのは難しい。いずれ指標が整ってくれば、人事・管理会計系からも、このタイプのデザイン人材へ転身が可能になると思われる。

「デザインストラテジスト」は、まさに、経営の意思決定の最上流工程でデザインを遂行する人材である。業務が各部門に分化する前に、どのようなＵＸを実現すれば社会に便益をもたらすことができ、かつ自社の事業が成功するのかを考えるのが、主な仕事である。何度も述べてきたように、これまで、こういったことは技術あるいは会計・マーケティング的な検討が起点となっていた。端的にいうと、そこにＵＸの視点を持ち込むことが、デザイン経営につながるのである。現段階で、このタイプのデザイン人材に求められる職能を最も備えているのは、やはりインハウスデザイン組織のリーダーたちであう。彼／彼女ら自身がデザインを広義に捉えることで、デザインストラテジストに昇華していくことが期待される。

最後に「ビジョンデザイナー」は、未来に向け、技術や人間社会がどう変化していくか（していくべきか）ということ自体について、大きな視点でビジョンを提案できるデザイン人材である。

具体的には、チーフクリエイティブオフィサー（CCO）やチーフデザインオフィサー（CDO）と呼ばれるようなポジションに就くべき人たちである。今後は、社外取締役などに、こうした素養を持つ人材を任命する企業が増えていくことも予想される。ビジョンの提案には、いわゆる文系・理系双方の知識の長所・短所をうまく組み合わせる能力や、経営層の一翼を担うための強いリーダーシップが求められる。このタイプのデザイン人材になれる人的資源は、社会全体でもそう多くはない。有能な人材を確保するためには、社内あるいは国内に限らず、フリーランスの有名デザイナー・建築家・学識経験者など、幅広くアンテナを張っておかなければならない。

経済産業省が、このようにかなり踏み込んだ研究報告書を公表したのは、デザイン経営実現のためには、従来のデザイナーだけでなく、その他の出自や背景を持つ人材をも広く巻き込む必要があるとの考えからであろう。デザイン経営の推進は、単なる流行の経営手法の提案ではなく、大きな産業構造革新の一部なのである。次章でさらに詳しく議論するが、二一世紀の高度情報化社会にあって、日本が明治以来築き上げてきた産業構造と、それを支える人材のあり方には、根本的な刷新が迫られている。しかし、少子化の現代において、それを大学など次世代人材の育成機関だけに頼っていては不足することが目に見えている。一方で高齢化が進み、一人一人の人生が長くなっていることを考えれば、すでに社会に出て活躍している人材が、自身のコンピテンシーを自ら再定義して、次なる産業構造の変化に適応していくことの可能性は大きい。図6-5は、

図6-6　デザイナーの最終学歴

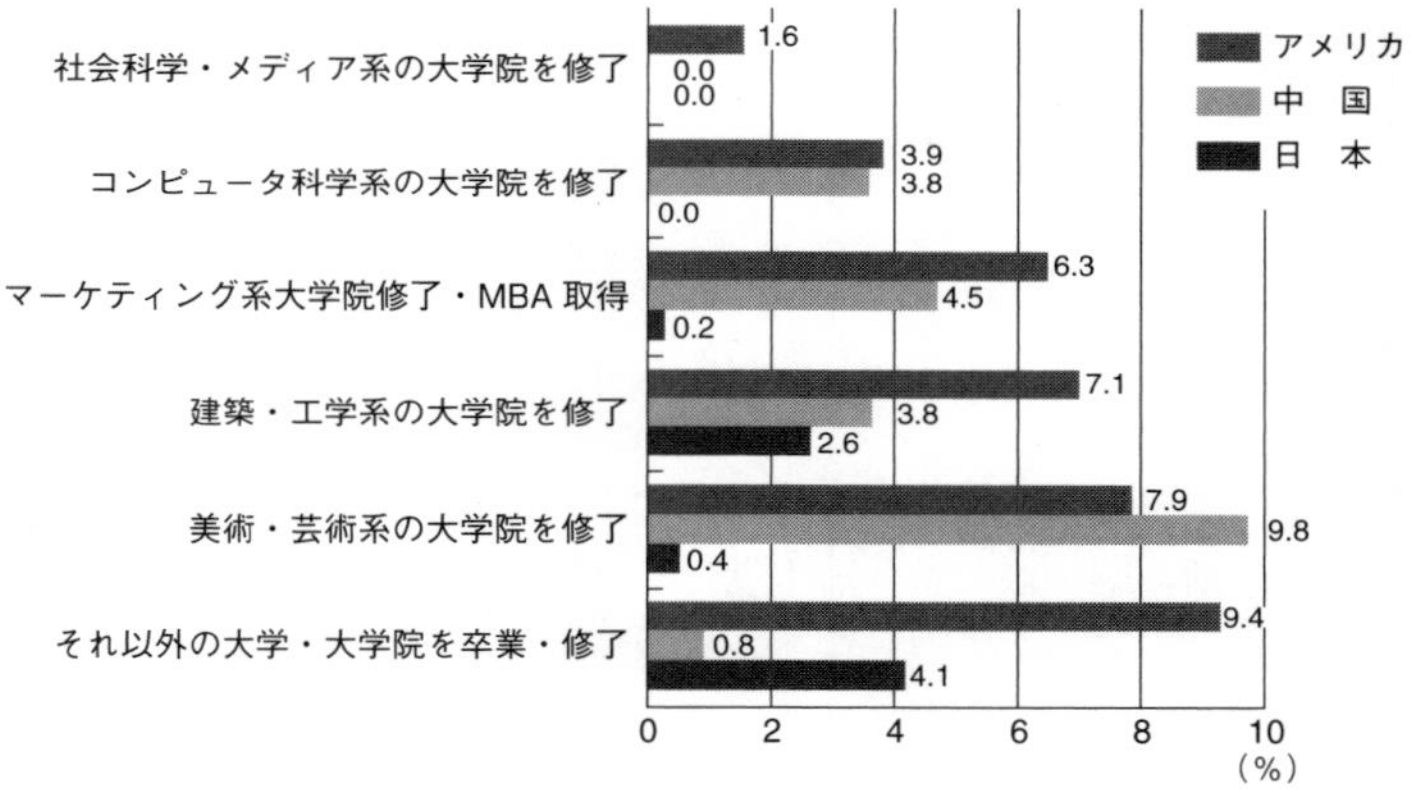

そのような自己革新のガイドラインとして作成された資料といえる。

本章の締めくくりに、こうした問題意識に連なる背景資料として、図6-6を紹介しよう。これは、筆者がアメリカ・中国・日本のデザイナーに実施したアンケート調査において、最終学歴を質問した回答結果である。アメリカと中国のデザイナーには、多様な専攻の大学院修了者が含まれるのに対し、日本のデザイナーは明らかに大学院修了者の比率が低く、しかもマーケティングや経営あるいはコンピュータ科学などの大学院修了者は皆無に近い。こうした中、現在「デザイナー」を生業にしている人材だけでデザイン経営を実現することは、ほぼ不可能といえる。日本企業の経営スタイルを、デザイン経営の概念で根本的に変革するには、他の職能・職種に従事しているさまざまな人材が、上述のような多様な「デザイナー」に転身することが、どうしても必要なのである。

それには、大学や教育研究機関側の努力も欠かせない。とくに、社会人が就職後に大学院へ進んで学位の取得を目指すリカレント教育のプログラムを拡充し、既存の文系・理系人材にデザイン思考などの手法を習得してもらったり、デザイナーにビジネスやコンピュータ科学を習得してもらったりすることが可能になるような改革が、強く望まれる。武蔵野美術大学や多摩美術大学、あるいは九州大学や東京工業大学による新しい学部・学科・プログラムなどは、こうした目的に沿った取り組みと思われる。産業技術総合研究所が二〇一八年から開講している「産総研デザインスクール」も、技術者がデザイン経営人材に転身するための貴重な機会を提供している。一橋大学商学部が二〇二一年度に開設した「データ・デザイン・プログラム」も、同種の試みの一つである。経営学の枠を越え、技術とビジネスを「情報」（データ）と「デザイン」で連結できる新しいタイプの経営者（デザイン経営者）の育成を目指す、という目的が設定されている。

いわゆるデザイン思考の流行は、このような大学・教育研究機関の自己革新の追い風になっているが、肝心の文部科学省の対応は後手に回っているといわざるをえないようだ。第四次産業革命に対応するための教育・学術研究における国家戦略は、現在のところ数理・統計人材やコンピュータ科学人材の拡充といったような、いわば付け焼刃的なものしか出てきていない。しかし、長く情報学やコンピュータ科学を専攻してきた科学者たちからすると、今からそのような直接該当領域だけにテコ入れしても、周回遅れで欧米各国や中国を追い越すことなど不可能であり、必死にやっても落ちこぼれないようについていけるかどうかすら怪しい、というのが率直なところだと聞く。

したがって、まずは先進的な企業や大学等による多様なアプローチが、徐々に効果を発揮していくことに期待しよう。やがて文部科学省も問題の本質に気づき、最終的には、デザインの力が経営の現場で正当に評価される環境が形成されていくことを切に願いたい。

第7章　デザイン経営は産業構造改革

岐路に立つ「ものづくり」重視経営

前章までにも何度か、デザイン経営に対し、日本企業による「ものづくり」重視が及ぼす問題点を指摘してきた。本章では、デザイン経営の普及をめぐり、より踏み込んだ議論を展開するが、出発点となる現在の状況をより俯瞰的に捉えておくために、この問題についてもう少し考えてみたい。

日本が近代化のモデルと位置づけた欧米諸国は、産業革命以降、宗教的・民族的な基礎に支えられた文化を背景に、先進技術と資本力でもって「未開」の地域を植民地化していくことで、持続的な拡大を志向した。この背後には、①領土をいかに拡張するかという政治的知見、②植民地化した相手をいかに理解するかという人文的知見、③獲得した資本・資源をいかに活用するかという経済的知見、を備えた人材の教育・育成があった。もちろん自然科学研究や技術開発もさかんに行われたが、それらにおいても宗教的思想や哲学（神が創った森羅万象に対し人間は何者なのかを永遠に模索・探求する態度）は、基盤として重んじられていた。

一方の日本は、大きな優位性を誇っていた欧米に対し、技術開発で追いつき追い越すという戦略をとり、成功を勝ち取ってきた。技術開発の必要性は開国期にはじめて認識されたが、明治維新以降に国策として明確化されると、それを担うべき人材の積極的な育成は国家戦略となった。学術界においては、旧帝国大学や地方国立大学を中心に物理・化学の基礎教育が強力に推進され、世界に通じる優れた研究者が輩出された。実業の世界にも、高等専門学校・工業高校の制度によって、多数の良質なエンジニアが送り出された。これらの人々は「理系」人材として区別され、それに対応する形で従来の学問を「文系」と再定義する動きをともなって、日本の高等教育に「文系／理系」という他の先進国にはあまり見られない領域・キャリア区分が発達した。加えて戦後復興期以降は、産業構造が第一次産業中心から第二次産業中心へと転換していく中で、初中等教育やそこでの就業指導を通じて、大量の工員・作業員が労働市場に送り込まれ、高度経済成長を支えた。

こうした中で際立ったのが、エリートが独占的に知識の供給者の立場に立つのではなく、たくさんのエンジニアや工員・作業員をも巻き込んで、いわゆる現場の知恵を重視するという、独特の姿勢である。これは、江戸あるいは室町時代にまでさかのぼる文化風土ともいうべきで、ある種の精神性とも合致したものであった。敗戦により日本の技術開発はいったん大幅に後退するが、現場の知恵を蓄積・活用する姿勢は失われることなく、現在まで続いていると考えられる。

以上から、筆者なりに日本の近代化のポイントをまとめると、以下の三点に集約される。①対欧米の劣位を早期に克服するために、人文知を基礎に持つ全体構想というよりは、直接的な技術開発に傾斜したこと。②それを支えたのが、国家戦略として整備された教育制度から供給される理系人材であったこと。③研究者の知見のみならず、エンジニアや工員が生み出す現場の知恵が重視されたこと。これらが相俟って、日本企業におけるものづくり重視の姿勢に結実したといえる。これは、先に述べた欧米の近代化とは似て非なるものである。ただ、欧米列強との厳しい競争における生き残り戦略として興味深いのは、理系の技術開発偏重でありながら、それが当時の文化風土をうまく継承し、発展していったことである。

しかし、近年の実態に鑑みると、このようなものづくり重視が今後も産業の牽引力たりうるかということについて、懐疑的にならざるをえない。国内のセクター別労働人口や対GDP比率では、すでに第三次産業が七〇％以上を占め、高度経済成長を支えた製造業は二〇％台に落ち込んでいる。もちろん第三次産業においても、情報通信産業をはじめとして技術開発が重要であることに変わりはないが、そこで求められる「技術」は、ものづくり重視の中で培われてきた「技術」とは、かなり異質なものになってきている。後者の技術とは、一言でいえばエンジニアリングである。それに対し、前者の技術は、より広い内容を含んでいる。

第1章で、より広く定義した「デザイン」も、この新しい技術には含められるであろう。つまり、本書で取り上げてきたデザインにまつわる諸問題は、近代化以降の日本の国づくりが問われ

図7－1　ICT導入によるデザインの付加価値変化（日米中デザイナー調査）

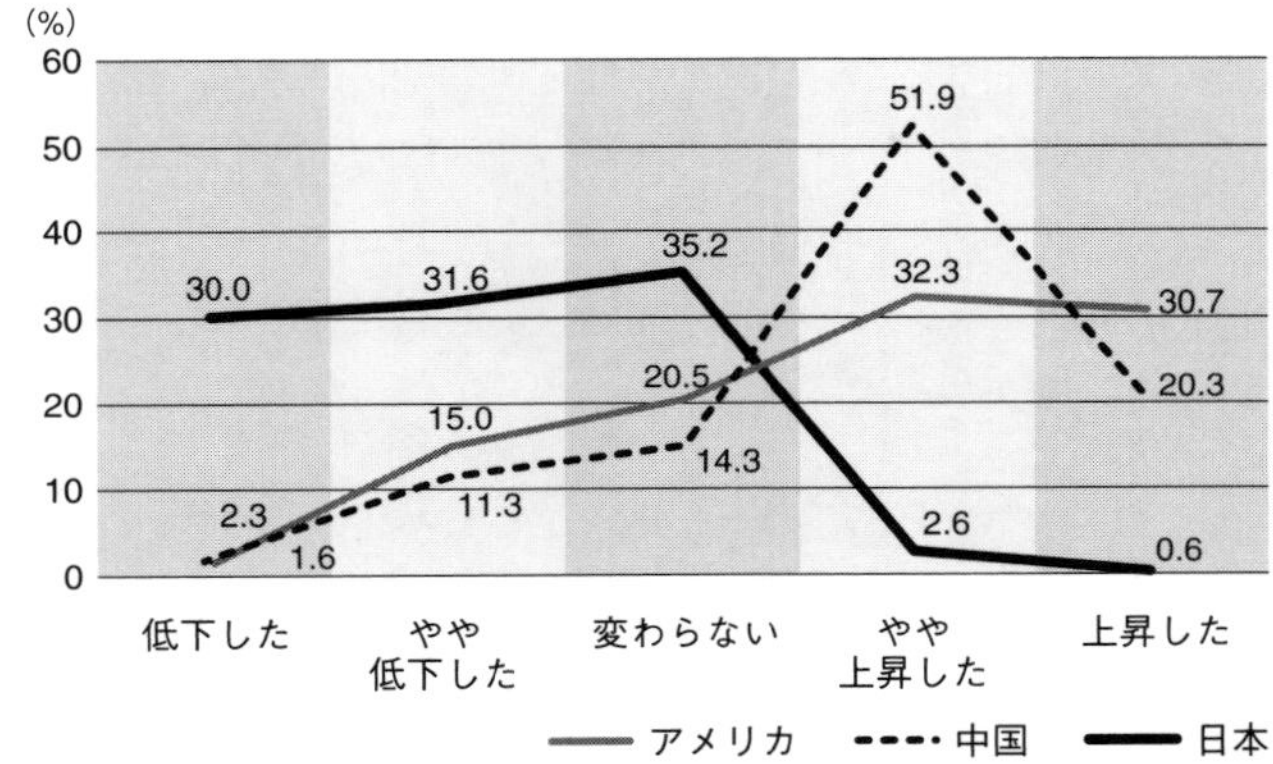

ていることの表れとも考えられるのである。

日本だけが沈んでいる

デザインに関し、日本企業に根本的な意識改革が必要であることを窺わせるデータを、改めて一つ紹介しよう。

図7－1は、筆者が二〇一五年に日本・アメリカ・中国のデザイナーに対して実施したアンケート調査の結果である。先端的な情報技術（ICT）の導入により、自身の仕事（デザイン）の付加価値が上昇したかどうかを尋ねている。「上昇した」「やや上昇した」の回答割合が高いアメリカと中国に対し、日本は「低下した」「やや低下した」「変わらない」

が九割以上を占める。まさに「日本だけが沈んでいる」状況である。

筆者は、多くの日本企業において、ＩＣＴ導入の主目的が業務効率化になっていることが、こうした状況の原因ではないかと考えている。ＩＣＴが可能にした「コピー&ペースト」によって、デザイナーでなくともデザインに似た作業ができるようになり、時間効率は大幅に向上した。無論これは、いわば見せかけの効率化であり、デザインが生み出す創造性をコピーすることなど本来できないはずだが、残念ながらＩＣＴ導入によってデザインは効率化できるという誤った認識につながってしまった。もともと日本企業ではデザインがコスト削減対象になっていると見られることは、第4章のはじめにも指摘した通りである。上の調査結果からは、ＩＣＴによってさらに、悪循環的にデザイン産業が停滞するおそれさえ感じられる。

アメリカや中国で同様の問題は生じていないのだろうか。中国は、二〇〇〇年代初頭から「デザイン大国」を目標に掲げ、国としてデザイン産業の育成に注力している。また同国では、デザイン自体がまだ若い産業であることからＩＣＴのみならず種々の新技術導入が旺盛で、それらを取り込んで新しい付加価値が生み出されることを社会全体が応援している側面もあるようだ。中国が日本以上に「コピー&ペースト」天国であることは否定できないものの、一方でそれを乗り越えてデザインの付加価値を高めようとする気運も見受けられるということである。

アメリカでは、より本質的にＩＣＴの導入が産業育成に活かされている。すなわち、新しい表現やソリューションを生み出し付加価値を向上させることこそがＩＣＴ導入の目的なのだから、コスト削減しかできないようなＩＣＴ化ならばしないほうがよいということが、社会的コンセンサスになっていると見られる。デザイン産業でいえば、たとえばウェブデザインにおいて、今までになかったユーザーインターフェースやデータ分析による可視化を実現することなどが望まれている。

ちなみに日本では、第5章で述べた会計処理上の理由から、このようなウェブデザイン領域での進展は、デザイン産業の付加価値向上として統計上カウントすらされていない可能性がある。それはともかく、前出の調査から見えるのは、個々のデザイナーによる、自分の仕事を高度化できた、あるいはお金儲けのチャンスが増えた、といったことへの評価だと考えられる。それについて、アメリカ・中国と日本とで、対照的な結果が表れているということなのである。

そもそも、なぜ日本企業だけが、ＩＣＴ導入をコスト削減のためとしか考えられないような環境をつくってしまっているのだろうか。筆者は、前述した「文系／理系」体制からの脱皮の遅れが、その原因であると捉えている。今までなかったものを生み出すためにＩＣＴを導入しようという社会的コンセンサスにいたるには、「今までになかったもの」を期待し享受する姿勢が何より大切であることはいうまでもない。あえて簡単にいうと、企業会計の文系人材とエンジニアリングの理系人材で構成された日本企業には、この姿勢が決定的に欠けている。こうした組織は、むしろ、「今まであったもの」の正当化が強化され続ける構造を持ってしまう。何度も述べてきている通り筆者は、デザイン経営には、このような構造を打破できる可能性があると考えている。

情報産業の構造的問題

これまでも、日本企業がデザイン経営の普及に課題を抱えていることを、さまざまな角度から見てきたが、その中から前項でＩＣＴをめぐる問題を取り上げたのには理由がある。というのも、本書の残りの部分で、情報産業とデザインの問題を議論したいと考えているからだ。

繰り返し述べてきているように、企業において「デザイン」は、より広義に捉えられる必要がある。定義を拡大されたデザインは、プロダクトデザインや建築デザインのようにモノだけを対象にするとは限らなくなる。ＵＸやビジネスモデルのデザインともなれば、対象はコト、つまり企業と顧客の関係性や商流そのものにも及ぶ。今やＵＸやビジネスモデルは、情報システムによって技術的なプラットフォームを形成しているケースが圧倒的に多い。したがって、定義を拡大されたデザインという概念を前提にデザイン経営を考える場合、情報産業とデザインの連携を避けては通れないのである。そこにはもちろん、第5章で説明した、ネットワーク効果が支配的な力学として機能する現代の市場環境も関係してくる。

ところが、日本の情報産業における民間企業は、以下に述べるような旧態依然なままの構造的問題を抱えており、これが今後望まれるデザインとの連携にとって足枷になる可能性が高い。その問題とは、情報産業に従事する人材の配置、およびその仕事内容である。

日本で情報産業に従事する労働者は一〇〇万人余りといわれる（産業の定義や統計の取り方によって多少の異同があるが、ここでは単純化して述べる）。これらの人々が、どういった企業で、どのようなビジネスに従事しているのかの全体像は、図7-2の通りである。もとは『IT人材白書』の二〇一四年版に掲載された図版なので、やや古いものではあるが、現在でもあまり変化はないと考えられるため、以降はこの図を前提に議論を進めよう。

情報産業には、まず、「ユーザー企業」か「IT企業」かという大きな区分がある。後者には、情報通信企業、ソフトウェア企業、システムソリューション提供企業、IT機器メーカー、ITベンダー企業などの、いわゆるIT企業が含まれる。一般消費者向けの情報家電製造企業やeコマース提供企業などの多くは、前者（ユーザー企業）に分類されている。じつは日本の情報産業人材は、約八割がIT企業側に従事しており、ユーザー企業側にはわずか二割しか配置されていないという、非常に偏った実態がある。当然ながら潜在的な企業数はユーザー企業のほうが多い

図7-2　情報人材の配置

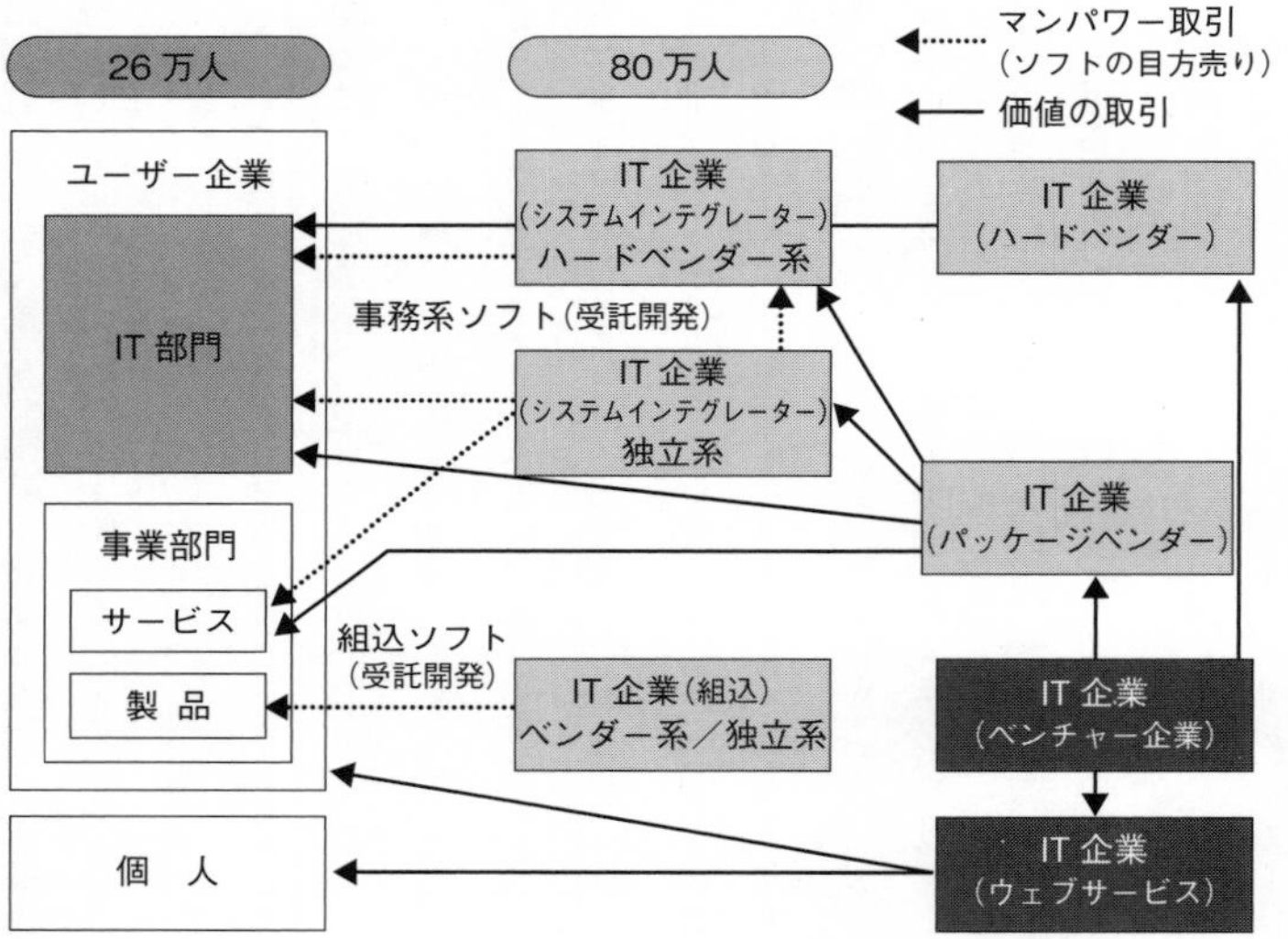

出典：情報処理推進機構（2014）より作成

ので、ユーザー企業における情報人材の手薄感が窺われる。

続けて、それぞれの企業における業務の内容に関しても、分類を確認しておこう。図7-2から、ユーザー企業内でIT企業とビジネス関係を有する部門は、「IT部門」と「事業部門」（後者はさらに「サービス」と「製品」）に分かれることがわかる。一方のIT企業は、縦二列に整理されている。右側は自社独自のリソース（工場、専門技術、商品、プラットフォームなど）を中心にしたビジネスを展開している層、中央は人の融通を中心にしたビジネスを展開している層である。右側の層を川上企業とするのが一般的である。

次に、取引形態の特徴を見よう。図7-2には、「マンパワー取引」と「価値の取引」という二種類の矢印が描かれている。マンパワー取引とは、簡単にいうと、ユーザー企業にエンジニアを派遣し、数カ月〜数年にわたってシステム開発に専従させるというビジネスを指す。小規模な開発であれば派遣されるエンジニアは一〜二名程度であるが、大規模なものでは何十名にもなり、ユーザー企業側に一部署が設置されることもある。派遣されている間の処遇方法はさまざまだが、ユーザー企業側から直接給与が支払われることもよくあり、それがマンパワー取引という表現につながっている。土木建築現場における作業員の派遣形態に似ているため、派遣されるエンジニアを「デジタル土方」「コンピュータ土木作業員」などと呼んで、このような取引形態を揶揄する人も多い。実際その労働環境は過酷で、いわゆる3K労働とも批判されている。ところが図を見ると、こうした取引の占める部分は少なくないことがわかる。

もう一つの価値の取引とは、通常の金銭を介した商品・技術の売買を指す。あえて「価値」など抽象的な表現が用いられているのは、売買される成果物に形がないゆえに、一価に定まりにくいという性質があるからである。マンパワー取引に準じるような成果物（一定期間内に構築したシステムの納入等）であれば、人件費計算の積み上げで対価を支払うのが一般的だが、ほかにも、サービスやデータベースへのアクセス権、あるいは技術をめぐる権利など、合理的な原価を算出するのが難しい取引もめずらしくない。労働提供の対価として、そのような技術等へのアクセス権を付与するといった契約もありうる。これらを包括して、価値の取引と呼んでいるのである。

図7–2から、川上（右側）のＩＴ企業とは価値の取引が成立しているが、中央の企業とはマンパワー取引が主体になっていることがわかる。ユーザー企業側からは、マンパワー取引と価値の取引が半々くらいのように見えるだろう。情報産業が、製造業とも小売業・運輸業などのサービス業とも異なる中途半端なビジネスとされてしまう理由の一端には、この取引形態の特徴があるように思われる。

しかし、現代においてＩＴ戦略は社運を左右するほどの重要案件といえ、近年もデジタルトランスフォーメーション（ＤＸ）の必要性はますます高まってきている。この傾向は、とくにユーザー企業の内部で顕著であり、激増するＩＴ関連業務をどう捌くかが大きな課題になっている。図7–3に、情報処理推進機構による調査の一部を示した。二〇一九年度と二〇一四年度に、ユーザー企業におけるＩＴ関連業務の担当部門を尋ねた回答結果である。

ここから、いずれの業務に関しても、二〇一九年度に事業部門の割合が高まっていることがわかる。とりわけ目立つのは「社内業務プロセス設計」「データ分析などの高度化による情報活用」「その他（新事業（業務）の実施など）」である。これらは、二〇一九年度の同調査において、業務

図7-3　ユーザー企業でIT関連業務を担当している部門

【2019年度（N=821）と2014年度（N=587）調査】

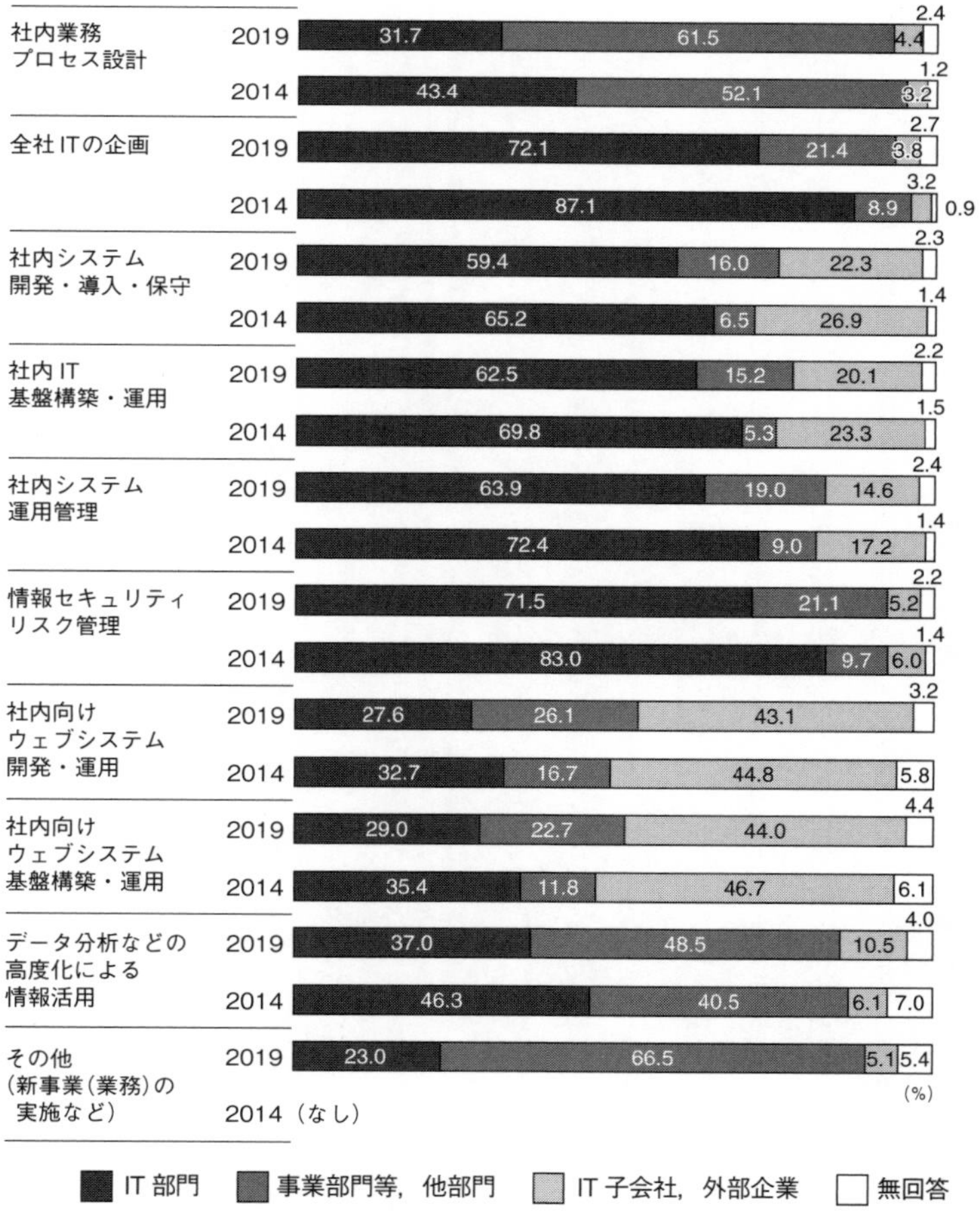

出典：情報処理推進機構（2020）より作成

の増減の見通しを問う別の質問項目に対し、増加すると回答した事業部門の割合が高かった三つでもある。一位がデータ分析の高度化で四二・九％の事業部門が、二位が新事業開拓などを含む「その他」で三七・一％の事業部門が、業務が増加する見通しであると回答した（情報処理推進機構、二〇二〇）。

図7-3では、二〇一四年度にはIT部門が担当している割合が八七・一％と高かった「全社ITの企画」について、二〇一九年度には事業部門の割合が二一・四％と大幅に増加していることも注目される。ユーザー企業において、これまではIT部門主導だった全社IT企画の策定・実現を、事業部門が主導するケースが増え始めていることの表れと見られる。なお、IT部門に関しても業務の増減の見通しについての回答結果を示しておくと、一位は「情報セキュリティリスク管理」で、五四・六％のIT部門が業務が増加する見通しであるとの回答だった（情報処理推進機構、二〇二〇）。たしかに情報セキュリティリスク管理はIT部門でなければ担当できない問題であり、しかも昨今の社会環境において重要度は高まっているため、ユーザー企業のIT部門は今後、この業務の比重を高めていくことが予想される。一方、ITシステムが全社のビジネスモデルと不可分になっていくにつれて、事業部門が、データ分析の高度化や新事業開拓等を中心的な任務としつつ、その延長で全社IT企画の業務にもかかわり始めるという姿が浮かび上がってくる。

以上を踏まえて再び図7-2を見てみると、日本の情報産業が抱える構造的な問題を理解できる。すなわち、ユーザー企業の事業部門に対して、いわゆる大手ハードベンダー系のSI企業（システムインテグレーター）があまり直接関与できていないということだ。大手ハードベンダー系SI企業は従来、会計・人事等の事務系システムもしくはソフトウェアを、相手先企業ごとのカスタムメイドで開発するのを主たるビジネスとしていた。しかし近年、そうした業務はいわゆるパッケージベンダーに代替される例が増え、市場が停滞・縮小してきている。ならばということで、大手ハードベンダー系SI企業がユーザー企業の事業部門の仕事を獲得しようとしても、ビジネスモデルをめぐる相手の細かなニーズを汲み取ってシステムをつくり出すようなスタイルに慣れていないため、うまく参入できないでいるものと推測される。こうした分野については、独立系のSI企業（システムコンサルティング企業など）が優位に立つ。独立系SI企業は、顧客の声をよく聞き、ビジネスモデルに沿った提案やシステム構築をすることを得意としている。

そこで大手ベンダー系SI企業では最近、デザイン思考を活用して顧客の意見に耳を傾ける能力を向上させようとする動きが見られるという。また、今までIT部門向けのマンパワー取引をメインにしてきたことから、事業部門に派遣できる人材がいないため、人材派遣をともなわない価値の取引型のビジネスモデルを早急に構築する必要にも迫られている。そうした中で、「取引」しやすい短期間の受託研究プロジェクトとして、デザイン思考を用いたワークショップなどを実施する例も出てきているようだ。

情報人材とデザイン人材

前項で情報産業に従事する労働者数は一〇〇万人余りと述べたが、今後のＤＸを考えれば、人材の数が大幅に不足するのは間違いない。政府はこの問題を重く見て、いわゆるデータサイエンティストに象徴されるような人材を増やすための政策を矢継ぎ早に打ち出している。具体的には、初中等教育段階からプログラミングの授業を標準にしたり、大学などの高等教育でも情報学や数理・統計学領域に多くの研究費を充て、データサイエンス関連の新学部の設立を促すなどである。

しかし、前述したような情報産業における人材配置構造を踏まえると、本当に求められているのはどのような人材なのかという問題を、再検討することの重要性に気づかされる。それもＩＴ企業側とユーザー企業側、両方の情報人材について考える必要があるだろう。

図7-4および図7-5は、ＩＴ企業・ユーザー企業それぞれにおいて、人材の質に対する不足感がどの程度なのかを、情報処理推進機構が二〇一五～二〇一九年に毎年調査した結果である。

図 7－4　IT 人材の質に対する不足感（IT 企業）

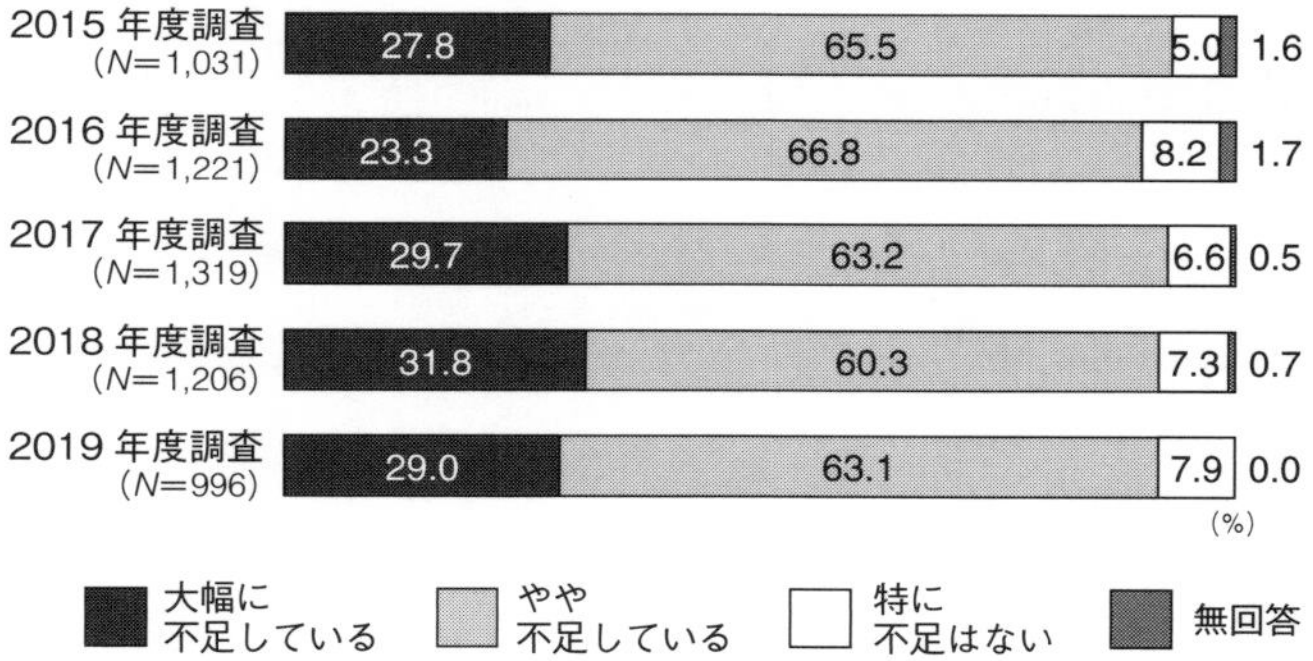

出典：情報処理推進機構（2020）より作成

図 7－5　IT 人材の質に対する不足感（ユーザー企業）

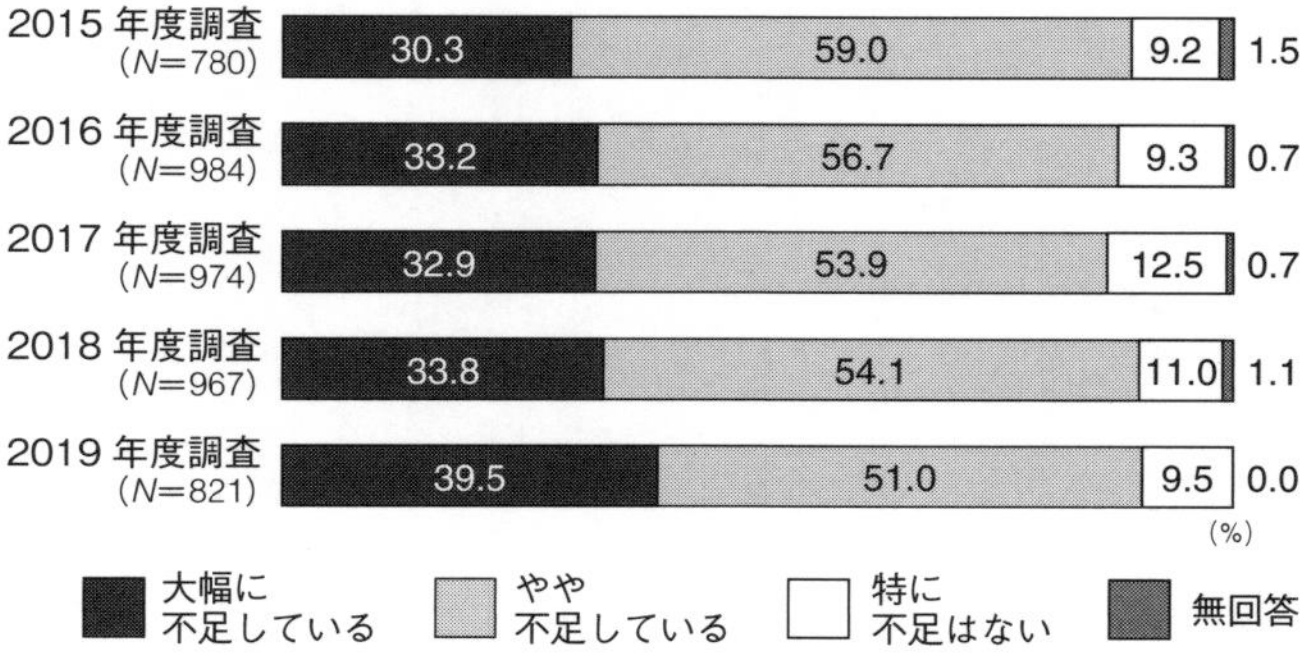

出典：情報処理推進機構（2020）より作成

図7-6　DXに対応する人材として最も重視する職種

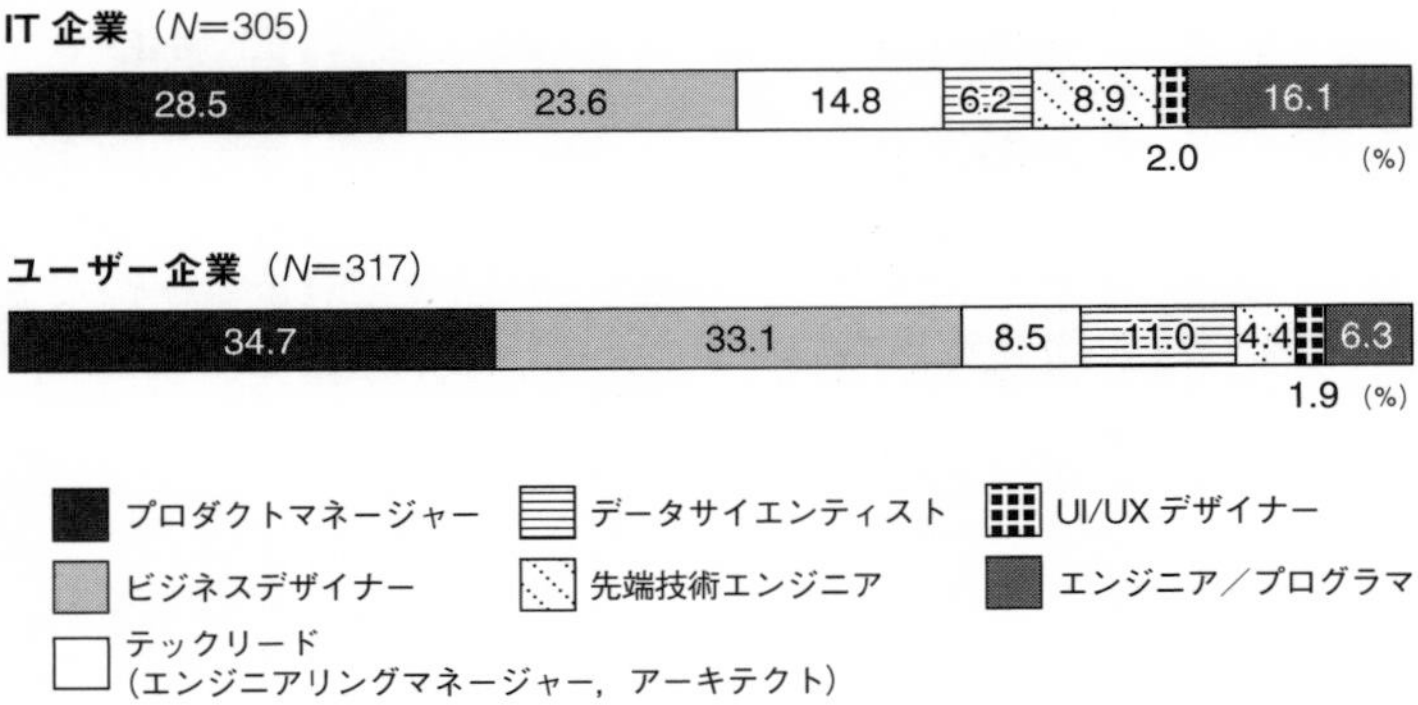

注：無回答を除く
出典：情報処理推進機構（2020）より作成

ＤＸの必要性が高まる中、どちらでも「大幅に不足している」「やや不足している」という回答が大半を占めるものの、その推移には微妙な違いがある。ユーザー企業側では「大幅に不足」の割合が年々増加しているが、ＩＴ企業側では増加傾向とまではいえないように見える。「大幅に不足」の割合自体もユーザー企業のほうが高い。すなわち、人材の逼迫度は、ＩＴ企業側よりもユーザー企業側で強いようだ。徐々にではあるが、日本の情報産業が供給主導から需要主導へと構造転換しつつあることの表れにも思われる。

　では具体的にどのような職種の人材が求められているのだろうか。図7-6は、ＩＴ企業・ユーザー企業それぞれがＤＸ人材を獲得・確保する際に最重要視する職種を回答した結果である。ここにも興味深い違いが見られる。ＩＴ企業・ユーザー企業とも、最も重視する職種が、多い順に「プロダクトマネージャー」「ビジネスデザイナー」であることは共通しているが、ユーザー企業におけるこれらの重視度は一段と高く、とりわけビジネスデザイナーについては両者の間で重視度の差が最も大きくなっている。ビジネスデザイナーは、前章でも説明した通り、技術と市場の橋渡しをする高度デザイン人材である。「テックリード」は、IT企業・ユーザー企業の双方で四番目の重視度だが、割合からすると、ユーザー企業ではそれほど重視されていないようだ。その分、ユーザー企業においては「データサイエンティスト」の重視度が高くなっている。

このように、ビジネスデザイナーやデータサイエンティストは、IT企業よりもユーザー企業の側で重視されている。これは、前項で見た通り、ユーザー企業の事業部門においてDXニーズが高まったことの具体的な影響であると筆者は考えている。ちなみに図7-6からは、IT企業がいまだに「エンジニア／プログラマ」を重視していることも見て取れる。これは、従来型のマンパワー取引における「商品」としての人材といえる。

さらに図7-7は、ユーザー企業の中でもとくにデジタルビジネスを推進している企業に対象を絞り、それらの企業がDXに対応する上で、どの職種がどの程度不足しているかを質問した回答を示す。ここにも鮮明に、最も不足感の強いのがビジネスデザイナーで、エンジニア／プログラマの不足感が一番弱い傾向が現れている。

図７−７　デジタルビジネス推進企業でDXに対応する人材の不足

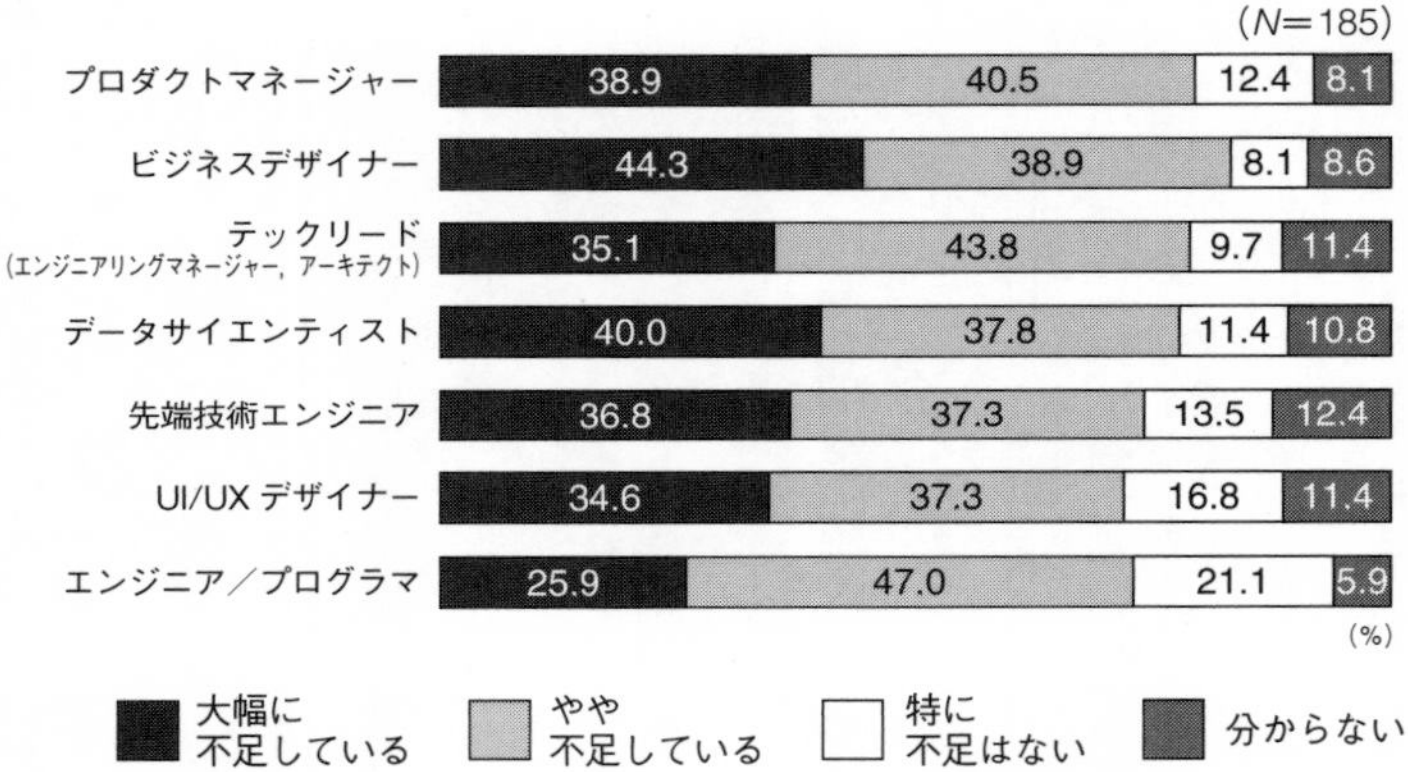

出典：情報処理推進機構（2020）より作成

これらを総合すると、全体としてIT企業側は、ユーザー企業における事業部門への需要シフトに追従できていないと推測される。これはしかし、前項で述べた通り、ユーザー企業のIT部門が情報セキュリティリスク管理に比重を傾けていく中で、IT企業が従来型のマンパワー取引によってそれをサポートしようとしていることと裏表になっているのかもしれない。ただ、もしそうだとすると、ユーザー企業の事業部門が、より高度なデータ分析などを駆使して新しいビジネスをデザインしたいといったDXニーズを強めたとしても、IT企業がそれに応えることは難しい可能性が高い。

以上から、日本の情報産業が抱える構造的な問題が、ますます重要になっていくビジネスデザイン、すなわちデザイン経営の実現にとって壁になっていることが理解できたと思う。そう考えると、政府の性急とも思える情報人材の育成政策にも、疑問が感じられるようになってくる。以前にも増して求められている情報人材は、ビジネスデザイナーに象徴される、デザイン経営が実現できる人材だからである。にもかかわらず、情報人材といえばプログラミングのできるエンジニアやプログラマであるといった旧来型の認識や、デザインという言葉への無理解も手伝って、ＡＩ・ビッグデータなどの情報処理・提供に特化した人材だけを育成すべきといった意見すら聞かれる。たしかに、そうした人材は情報セキュリティリスク管理などには有用かつ不可欠である。しかし、だからこそ、もはや国内育成では間に合わないともいえる。マンパワー取引という取引形態や人件費なども考え合わせると、筆者は、これについてはいっそ大胆に、新興国などから優秀な外国人エンジニアを雇用することで賄うべきと考えている。

インターネット附随サービス

少し視点を変えて、「情報通信業基本調査」をもとに、情報産業の内訳を確認してみよう。図

図7−8　情報通信業の売上高の推移

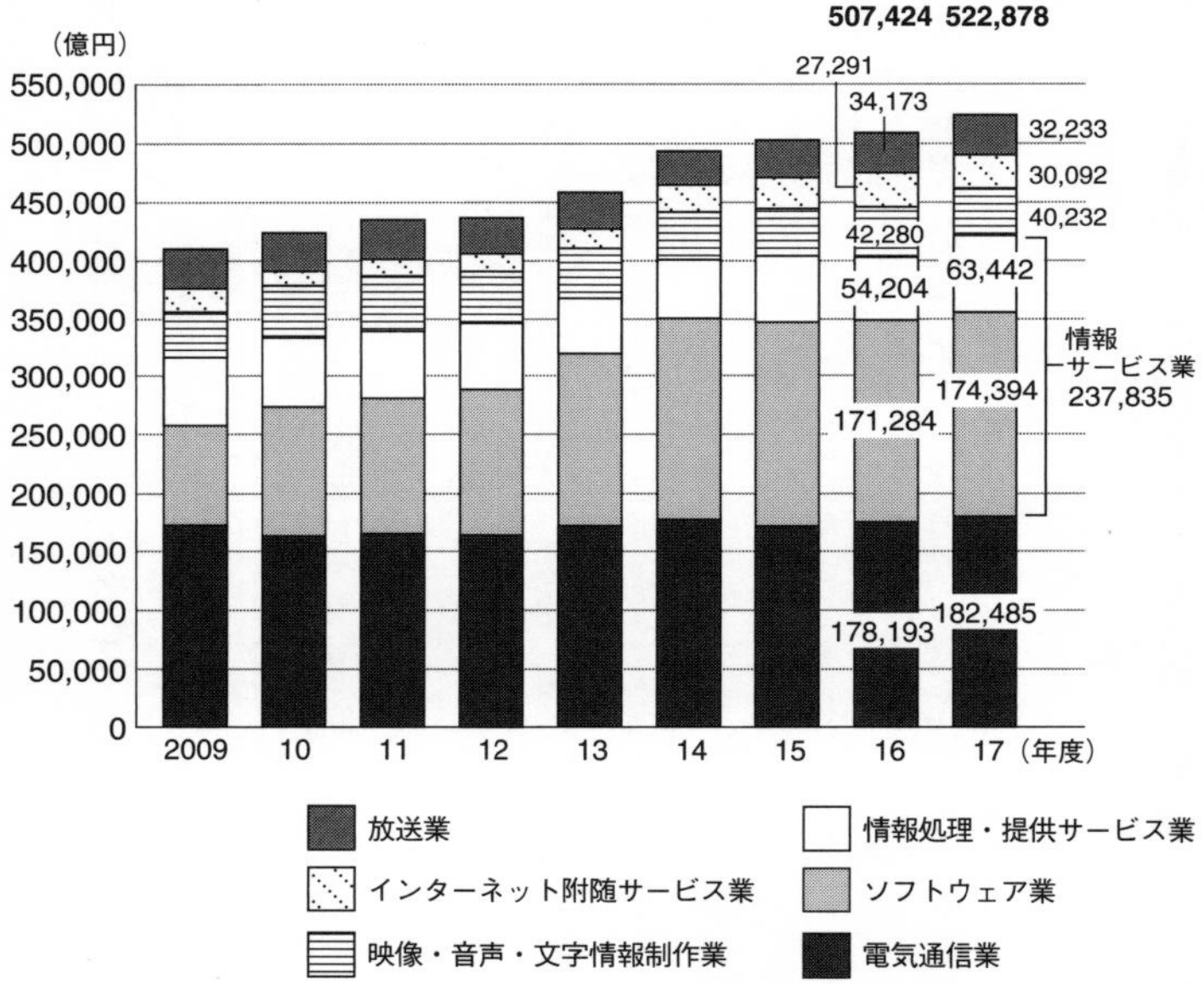

注：主業格付けベース
出典：総務省・経済産業省（2019）より作成

7−8に、日本の情報通信業に分類されている産業別の売上高推移を示した。ここから、当該産業の大部分は、「電気通信業」（主に電話・携帯電話等の回線接続事業）と、「ソフトウェア産業」、「情報処理・提供サービス業」が占めていることがわかる。後二者は、主にコンピュータを用いて執行される事業であり、併せて「情報サービス業」と呼ばれることもある。これらのうち、電気通信業と情報処理・提供サービス業の売上

図７－９　インターネット附随サービス業の売上高推移

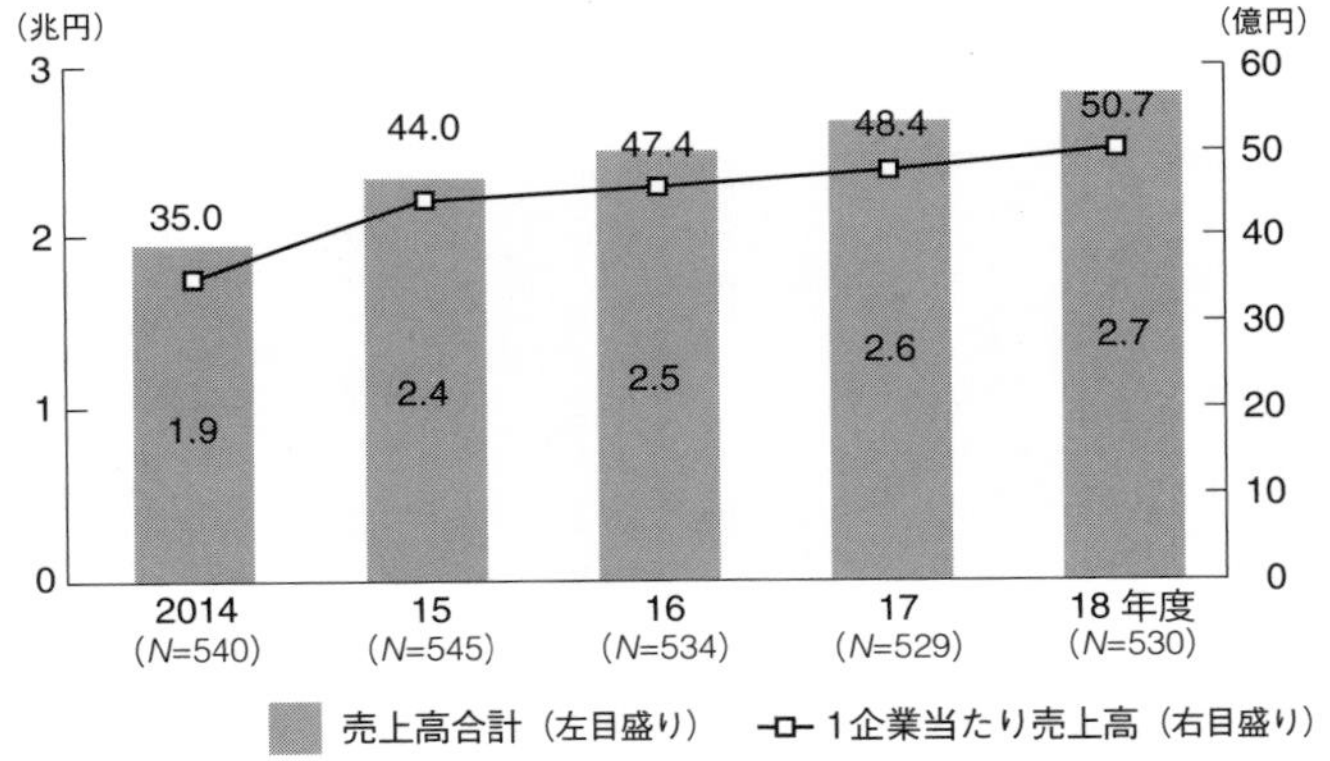

出典：総務省・経済産業省（2019）より作成

高は、過去一〇年間ほぼ横ばいないしは微減傾向にあり、ソフトウェア産業にのみ緩やかな成長が見られる。

これに対して、規模は小さいながらも成長率の高いのが、「インターネット附随サービス業」である。図7-9に、その推移を拡大して示した。二〇一八年度の売上高が二・七兆円と、決して巨大な産業とはいえないものの、成長を続けていることがわかる。それにともなって一企業当たりの売上高も増加しているが、これは、産業が拡大しているにもかかわらず企業数が増えていないことの裏返しでもある。詳しくは後述するが、この産業では、成長率に比して企業数や従業員数が伸びていない。

情報通信業に属する各産業を、売上高・営業利益額・売上高営業利益率に基づいてマッピングし

図７－10　情報通信業の売上高・営業利益額と利益率（2017 年度）

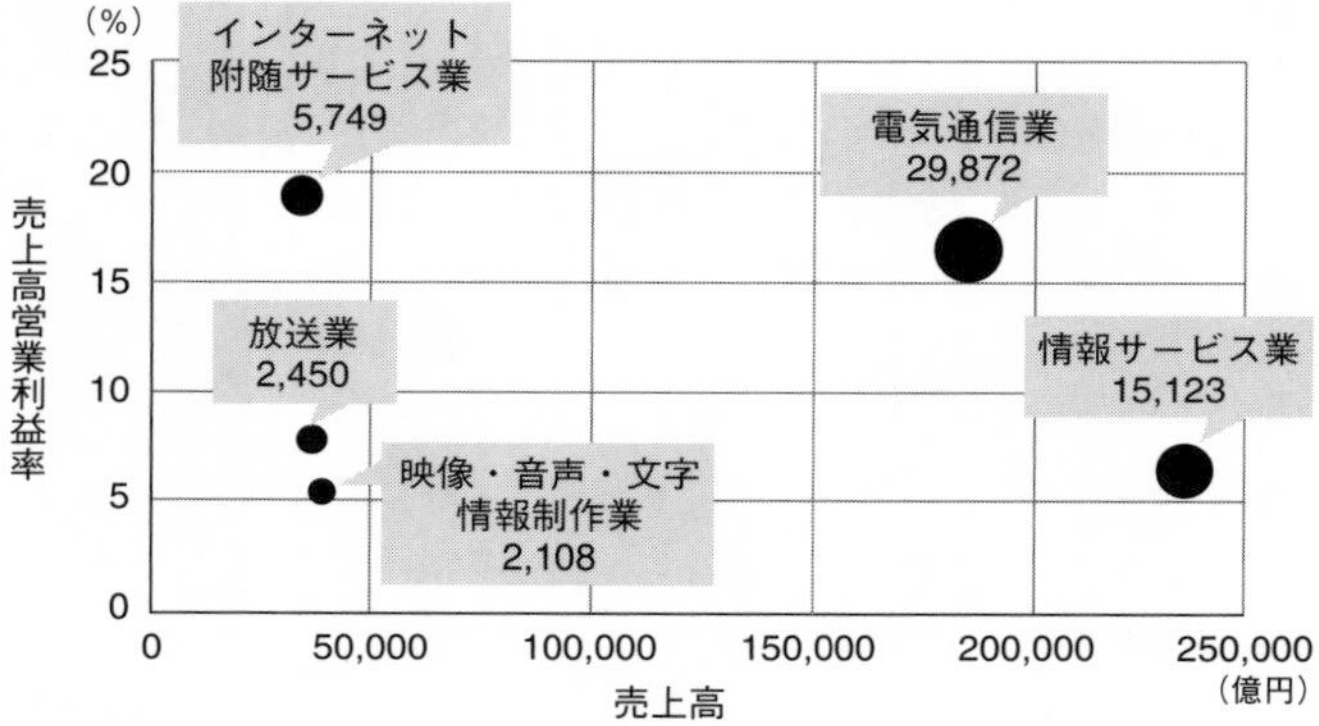

注：フキダシ内数字は，営業利益（億円）
出典：総務省・経済産業省（2019）より作成

た図7-10からは、インターネット附随サービス業の利益率（すなわち生産性）の高さが、さらによくわかる。前項までに見た通り、情報通信業には生産性の低いマンパワー取引も多く、情報サービス業の利益率の低さなどに、そうした影響が窺える。ただ、この生産性という指標には、産業として付加価値を生んでいなくても人員・固定費を絞れば向上するという数字のマジックがともなうため、電気通信業の利益率の高さからは、むしろそちらの影響が窺われる。

しかし、インターネット附随サービス業は、これらとは異なる様相を呈しているように見受けられる。表7-1に、この産業の内訳を示した。上で少し述べた企業数の変化のなさが、二〇一七年度と二〇一八年度の推移にも現れている。表にはないが、これ以前から、当該産業の企業数にはほとんど変化が見られない。売上高が拡大していることに鑑みると、市場のチャンスに対して十分な人的投資が行われていないといえそうである。

さらにサービス別の内訳を見てみよう。売上高が大きく伸びているのは、「クラウドコンピューティングサービス」と「情報ネットワーク・セキュリティ・サービス業」である。後者は、前項までにも指摘してきた情報セキュリティリスク管理の重要性の高まりにともなったものであろう。一方、前者のクラウドコンピューティングサービスこそが、ユーザー企業の事業部門においてDXを支えているサービスの実体といえる。さまざまなソリューションを、ソフトウェアや相手先のシステム構築ではなく、クラウドコンピューティングでプラットフォームを提供することによって実現しているということである。

まさにGAFAも、このようなクラウドコンピューティングで企業や消費者にプラットフォームを提供し、そこにともなうネットワーク効果を活用して、多様なソリューションを実現している企業である。今さらいうまでもないが、グーグルやアマゾンのサービスを利用するのに自らのPCにインストールしなければならないアプリケーションは非常に少なく、ほとんどがインターネット上で完結する。ユーザーが特定のサーバを設置し、そこへアクセスしたりする必要もない。にもかかわらず、利用者はきわめて高度なソリューションを享受することができる。表7-1から、周回遅れの感があるとはいえ日本でも、プラットフォームを構築して新しいビジネスモデル

ス業のサービス別企業数と売上高

売上高（百万円）			1企業当たり売上高（百万円）		
2017年度	2018年度	前年比（%）	2017年度	2018年度	前年比（%）
2,561,251	2,689,695	5.0	4,841.7	5,074.9	4.8
120,847	118,933	▲1.6	1,726.4	1,749.0	1.3
330,079	329,328	▲0.2	4,401.1	4,511.3	2.5
36,729	27,181	▲26.0	2,448.6	1,510.1	▲38.3
782,451	770,611	▲1.5	5,711.3	5,794.1	1.4
53,213	58,360	9.7	4,434.4	3,647.5	▲17.7
121,169	169,712	40.1	1,044.6	1,391.1	33.2
8,760	9,247	5.6	876.0	711.3	▲18.8
76,052	105,503	38.7	1,226.6	1,623.1	32.3
100,752	105,933	5.1	4,198.0	4,237.3	0.9
32,407	35,039	8.1	395.2	523.0	32.3
952,005	1,018,208	7.0	6,432.5	7,272.9	13.1
2,368,023	2,459,195	3.9	5,588.6	5,983.4	7.1

注：アクティビティベース。複数事業を併営する企業があるため，企業数の合計と内訳の和は必ずしも一致しない。
出典：総務省・経済産業省（2019）より作成

を創造しようという動きが活発化していることが見て取れる。このようなサービスの実装にあたっては、いうまでもなく、前述のビジネスデザイナー人材がきわめて重要な役割を果たす。

したがって、やはり問題は、ビジネスデザイナーの育成なのである。じつは、種々の統計を総合すると、このような人材は、二〇二一年の日本にわずか五万～六万人ほどしかいないことがわかっている。インターネット附随サービス業に分類される約五三〇社の従業員総数が六万五〇〇〇人ほどであることとも、おおむね整合する。

表７－１　インターネット附随サービ

	企業数		
	2017年度	2018年度	前年比（%）
合　計	529	530	0.2
ウェブ情報検索サービス業	70	68	▲ 2.9
ショッピングサイト運営業およびオークションサイト運営業	75	73	▲ 2.7
電子掲示板・ブログサービス・SNS 運営業	15	18	20.0
ウェブコンテンツ配信業	137	133	▲ 2.9
うち IPTV サービスによる収入	12	16	33.3
クラウドコンピューティングサービス	116	122	5.2
電子認証業	10	13	30.0
情報ネットワーク・セキュリティ・サービス業	62	65	4.8
課金・決済代行業	24	25	4.2
サーバ管理受託業	82	67	▲18.3
その他のインターネット附随サービス業	148	140	▲ 5.4
（特掲）2カ年継続回答企業	411	411	―

さらに問題なのは、この人数が長期にわたって横ばい状態にあり、ほとんど増加していないことである。一〇〇万人余りもいる情報人材の中で、伸びている重要分野に携わる人材が、わずか五万～六万人という現実を、私たちはどう捉えればよいだろうか。政府が全力で取り組まなければならないのは、長期的な視野のもと、どのようにしてこの希少な人材を増やしていくかということなのではないだろうか。

デザイン経営とは「情報で社会に絵を描く」という行為

ここまで、情報産業の構造的問題を通じて、ビジネスデザイナーという高度デザイン人材の必要性を再確認するにいたった。本書の締めくくりとして、これら高度デザイン人材の社会的必要性の拡大という現象から、デザイン経営とは何かということを、まとめ直してみたい。

デザイン経営とは、デザイナーがこれまで培ってきたデザイン思考といった思考方法や情報探索・活用手法を用いて、経営の意思決定の場に創造性を回復させようという考え方である。日本企業の経営は、戦前からの理系偏重の悪影響もあって、二一世紀に入り創造性を発揮する手立てを見失ってしまった結果、世界市場において競争力を失っている。サービス産業が牽引する産業構造へと変化した中でもなお、「ものづくり神話」に依存したともいうべき体質から脱却できていない。とりわけ情報技術を活用した産業振興には遅れが目立ち、急ごしらえの情報人材育成政策も、本当に必要な人材像を把握できていない印象が強い。創造性の回復には、色や形という旧来の対象を大幅に超えた、広義あるいは経営のデザインを、理解・実践できる人材が必要不可欠である。同時に、そうしたデザインを守り育てるための法的・行政的な枠組みの見直しも求められている。

広義のデザインには、ＵＸ全体を管理することで生まれるブランディングや、新しい技術や機能を効果的にユーザーに伝えるイノベーションの課題解決が期待される。そして、それらを組み合わせることで生み出されるビジネスモデルやビジネスエコシステムが、経営のデザインの対象になる。これらデザインは、経営の意思決定における最上流工程で検討・決定されるべきことであるため、おのずと経営層による理解が必須となる。ところが、今までは残念ながら、このような広義／経営のデザインを深く理解する経営者が少なかったため、デザインはコスト要因と捉えられ、それへの投資は抑制されることが多かった。競争力を取り戻すには、こうした経営者の意識変革がきわめて重要であり、だからこそデザイナーの経営中枢への参画、すなわちデザイン経営が喫緊の課題となっているのである。

このように総括してみると、デザイン経営とは、あえて象徴的にいえば「情報で社会に絵を描く」ような行為であると表現できる。日本の企業あるいは高等教育では、これまで、「情報」を技術の一要素、あるいは組織におけるウェットな要素と捉え、それ自体が産業を形成するとは考えてこなかった。そのため、情報産業は長く電気通信産業と同義と捉えられてきたし、情報を扱うのはもっぱら数学・統計学・コンピュータ科学などであるとされ、それら領域における「分析」に重きが置かれてきた。すなわち、情報を組み合わせる「構成」が、重視されてこなかったのである（少なくとも科学的な思考とは考えられてこなかった）。

しかし、一九八〇年代後半から一九九〇年代前半にインターネットが普及し始め、さらに二一世紀に入ってからはスマートフォンなどのモバイルインターネットが生活やビジネスの隅々にまで普及したことで、情報は、それ自体が巨大な価値を生み出す産業として独り立ちし、第四次産業革命と呼ばれるようになった。ところが日本企業の多くは、過去の成功にともなうイノベーションのジレンマから逃れられず、台頭する情報産業に乗り遅れてしまった。現在は、その遅れの深刻さをようやく認識し、なんとかキャッチアップする手立てを模索している段階といえる。したがって、これからの創造性にあふれた経営とは、情報に対する固定観念を捨てた上でそれを用い、社会をデザインし直す取り組みであるべきと考える。ゆえに筆者は、デザイン経営を「情報で社会に絵を描く」行為と表現したいのだ。

DXを進めるのであれば、今までの社会を見つめ直し、フリーハンドで新しい仕組みを描いてみる。部分的な効率化や技術的なご都合主義に陥ることなく、ユーザー視点で見て最もよい形になるようデザインし直してみる。そうした姿勢こそが、デザイン経営の実現には必要である。その際の構成要素には、モノも当然含まれるだろうが、同じくらいヒト・カネ・技術も重要である。これらはすべて、広義のデザインの対象になりうる。そして、情報こそが、それらすべてをつないでいる。本項のたとえにおいて、情報「で」絵を描くとしていることの意味は、ここにある。

つまり、情報は描く対象ではなく、絵具なのである。こう考えれば、絵具（情報）を組み合わせる（「分析」ではなく「構成」する）行為こそが創造性の源泉だということが、自然と理解できると思う。これと連動して、アブダクションの重要性も高まっていく。デザイン思考が、これらを包含した思考のパッケージであることは、第3章で説明した通りである。

こうした絵具を用いて、社会に新しい絵を描く。しかも経営意思決定の最上流工程で、それを実施する。何よりもまず、新しい社会の絵を描くのが先で、実現に向けてヒト・モノ・カネ・技術の調達を考えるのは、その後である。この絵のことを、「シナリオ」「ストーリー」、あるいは「アート」といったキーワードで表現する研究者もいる。どのようなキーワードが相応しいかは、ここでは問わない。古めかしい「科学的な想定」や「計画」、従来の「制度」「規範」に縛られたものでなければ、何でもよいと思う。こだわるべきは形式や呼称ではなく、そこに近未来の社会の姿が描かれているかどうかである。

情報産業でいえば、情報という絵具で描かれた絵こそが、プラットフォームなのかもしれない。ＧＡＦＡは二〇～三〇年前に、世界というキャンバスに創造的な絵を描いた。それが今、私たちの生活の一部になっている。アリババも一〇年前に、中国というキャンバスに創造的な絵を描いた。それが今、世界中で使われる新しい生活の道具になりつつある。日本企業ももともとは、創造的な力を持っていたはずである。その見失った創造性を、デザインをテコにして再び発揮することができるのか。デザイン経営は、難しく思えるようで、じつは、このとても簡単なことを意味している。

付録　日本のデザイン経営キーパーソン

日本のデザイン経営キーパーソン　その1

株式会社GKデザイン機構
代表取締役社長／CEO
田中一雄 氏
TANAKA Kazuo

東京藝術大学大学院美術研究科デザイン専攻修士課程修了。（公社）日本インダストリアルデザイン協会特別顧問。（公財）日本デザイン振興会グッドデザイン・フェロー。世界デザイン機構（WDO）アドバイザー。

デザインは、科学と感性の両立を目指す

田中氏　グッドデザイン賞で大賞や金賞を受賞する企業の中で、最近ではベンチャー企業の割合が増えてきています。グッドデザイン賞は、いわゆる美観の優秀さだけではなく、「社会善」の追求を重視しているので、たとえば車いすをつくったWHILL社のように小さい企業のほうが、動きがよいわけです。大企業は、そのような社会課題解決の新アイデアの実現については、大きすぎてなかなか舵取りが難しいのだと思います。大きな企業では「そもそもデザインとは何か」から話を始めなければいけないですが、ベンチャー企業は経営者が「創造的な企業経営」を目指

しさえすれば、「デザインとは何か」問題はどうでもよくなりますから。大企業はベンチャー企業のそのような強みを見習って取り入れていくべきと思います。

鷲田　「創造的な企業経営」こそが「デザイン経営」ということですね。

田中氏　そうです。数値で測れない価値をつくり出す経営ということです。創造性の発揮には発想のジャンプが必要ですが、それが生み出されれば何倍もの価格で売れる価値を生み出すものです。この場合の価値とは、人、社会、そして地球と寄り添うものになっているべきです。技術はどうしても問題解決に偏りがちです。しかし、技術だけではなく、社会の仕組み自体をつくり出している人たちは、必ず発想のジャンプをしているはずです。ツールから本当に重要なエッセンスを拾い出すのはあくまで人間の直感でなければ無理です。

鷲田　日本の経営者は「発想のジャンプ」ができない症候群に陥っていますね。

田中氏　日本の経営者はコンサバティブすぎという印象です。中国の経営者は弱肉強食。どちらも問題があります。経営者はやはり真に人間的でなければならないと思います。コロナ禍の時代がきて、このことは一層重要になってきていると思います。ポストコロナの時代には、本当にあるべき暮らしの方向に向かわなければいけないと思います。

鷲田　「あるべき暮らし」の方向性について、創造性の発揮は、社会をよくする方向に向かいますか。それとも、一層個人の欲求を満たす方向に向かいますか。

田中氏　社会をよくする方向に向かわないと、個人の欲求も満たされない時代になっていくと思います。「デザイン」の発展の歴史をさかのぼっても、バウハウスの時代以来、いわゆる社会主義的な思想と深く結びついて発展してきています。つまり「みんなのためになろうとしたら、自分のためにもなるはずだ」という考えが基本にあるわけです。ポストコロナの時代においても、そうありたいものです。

鷲田　なるほど。

田中氏　要因は何であれ、社会はよい方向に向かうはずだ、そしてデザインはその指標を指し示し、創るものだ、という考えです。科学もまた同じような指標を目指していますので、ある意味で、デザインは科学と感性の両立を目指すものということです。一見、相容れないように見えるものが、最終的には一致点に向かっていくような、そんな概念です。最近の「デザイン」は、ビジネスのツールのようにされてしまっており、このような基本になる哲学・思想が弱くなってしまっているのが気になります。その意味では、メソッドとしてのデザイン思考には限界があると思っています。

（二〇二一年二月二二日、東京都内）

日本のデザイン経営キーパーソン　その2

ソニーグループ クリエイティブセンター長 兼
ソニーデザインコンサルティング株式会社
代表取締役社長

長谷川豊 氏

HASEGAWA Yutaka

幅広い事業領域のデザイン、海外拠点の立ち上げ等を経て、二〇一四年よりセンター長に就任。Sony Designを牽引することに加え、経済産業省・特許庁が二〇一七年度に立ち上げた「産業競争力とデザインを考える研究会」の研究員を務め、デザイン経営の浸透にも貢献している。

ソニーグループ クリエイティブセンター
リエゾンマネージャー 兼
ソニーデザインコンサルティング株式会社

山内文子 氏

YAMANOUCHI Fumiko

スタッフ組織の統括部長として、クリエイティビティを発揮できる基盤づくりを目指した部門運営を実施。子会社設立に携わった後、二〇二〇年度末に役職定年を迎え、現職。デザイン活用の浸透と進化をテーマに、行政や大学、グループ外企業との協業を進めている。

市場に出る前に、トップマネジメントの考えを可視化する

長谷川氏　総論としての「デザイン経営」はかなり意識されるようになってきました。しかしそ

れぞれの企業の状況によってデザイン経営へのアプローチ方法がいろいろに考えうるため、画一化した方法論を求められると、難しい部分もあります。その企業の掲げるミッションやビジョンのあり方によっても、「デザイン」のかかわり方は違います。一つのセオリーだけではうまくいかない部分も多いです。たとえばある会社ではデザイン組織が研究開発組織の一部になっていますが、これを他企業でも採用できるかといえばかなり難しいでしょう。

鷲田　企業のコアコンピタンスによって、デザイン組織の連動方法にいくつかのパターンがありそうですね。

長谷川氏　経営意思決定の上流工程に参画し、ビジネス戦略を共有する方法も各社さまざまです。ソニーでは本社や事業個社の経営層の直接的な情報発信に十分なリソースをかけていますが、そこに「デザイン」も関与しています。可視化の力でコアとなるメッセージが効果的に伝わり、議論が早く進みます。また、それを受けた各事業部は、そのコアを事業戦略に最適化したメッセージを発信します。その意味で、表層的な「ブランド」の議論と、そのブランドを構成する「概念」の議論の両方にデザインがかかわることは有効です。

鷲田　新たにソニーデザインコンサルティング株式会社も設立しましたね。

山内氏　狭義の「デザイン」という分野では、競合としては社外のデザインファームが想定されます。しかし、インハウスデザイン組織の持つ強みは、やはり広義の「デザイン」のアプローチで、経営層に対して常に直接的に関与できることだと思います。たとえば、市場に出る前に、トップマネジメントの考えを可視化し、ステークホルダーに伝えることができます。

長谷川氏　たとえばVlogger（ブイロガー＝ビデオブログを投稿する人）向けの“VLOGCAM ZV-1”という商品の開発事例の場合は、デザイナーが最初に「Vloggerという新しいタイプのユーザーがいる」という提案をして開発が始まりました。経営トップにデザインからそのような新しい情報を提供すると、経営トップはそのような新情報を頭のポケットに入れておくようになります。そして機会を見てそれを開発陣に伝えることで、新しい戦略がトップダウン型で開始されるわけです。同時にデザイン組織はその可視化を開始します。そのようにして経営層とデザイン組織の間に、よりバランスのとれた関係性が生まれるわけです。まさに市場に出る前に、トップマネジメントの戦略的な考え方が先に可視化できていた例といえます。このような方法をとるほうが、社内の経営層に対するエンゲージメントが高まるという効果もあります。

鷲田　この例はソニーブランドの「概念」も体現しているのですね。

長谷川氏　まさにそうです。クリエイターやその他さまざまなコミュニティの「人に近づく」というのがソニーの経営の方向性です。われわれデザインも常にコアコミュニティのユーザー層に直接触れることでその人をよく理解し、その価値基準を可視化することが最も重要だと思います。しかしそのようなコミュニティは常に変化していきますので、かなり感度よく動かなければいけません。また、ソニーグループはゲームから、音楽、映画、エレクトロニクス、イメージング＆センシング、金融まで非常に幅広い分野にわたって、しかもグローバルにビジネスを展開するコングロマリット企業です。日本でつくったものをグローバル市場に拡大していくことも多いです。そのような場合、技術的なテーマについても、一気通貫のコミュニケーションが実現していないと、市場では機能しません。

（二〇二一年三月一八日、東京都内）

日本のデザイン経営キーパーソン　その3

パナソニック株式会社　執行役員／デザイン本部長
臼井重雄　氏
USUI Shigeo

一九九〇年入社。二〇〇七年に中国・上海デザインセンターを立ち上げ。二〇一七年アプライアンス社デザインセンター所長に就任。家電デザイン部門のデザイン変革を主導。二〇二一年より執行役員。

UXデザインを掘り下げると、じつはEXデザインになる

臼井氏　「デザイン経営」の推進・実現にあたって、「人間中心」「未来思考」という二点をパナソニックの中心軸に置きたいと思っています。カタログスペックや価格だけではお客様に共感されない時代になっているからです。ちょうど社長交代のタイミングに重なりましたが、前社長・新社長も含め、経営層における「デザイン経営」への理解は以前と比べて深まっています。また若い層も、もう「デザイン経営」への理解度は高いと思います。問題はその間の事業の現場を担当する辺りに存在している「岩盤層」です。この層は、過去の成功体験を強く持っている層です

が、しかしよく調べてみるとその成功体験は外部要因（日本のマクロ経済環境など）によるものであることが多いです。各事業部にもマーケティング関連部署にも一様に存在しているこの「岩盤層」の人たちは、「デザイン経営」の話をあまり聞きたくない（理解したくない）傾向があります。これはパナソニックに限らず、多くの日本企業でも共通かもしれません。

鷲田　その「岩盤層」になんとか理解してもらうのが今の課題なのですね。

臼井氏　そうです。「デザイン経営」というのはじつは息の長いテーマです。その息の長さを自分のこととして共感してもらえているのが、経営層と若い層なのだと思うのです。ところが、現場の事業責任者である「岩盤層」の人たちは、二〜三年で人事異動になりますので、どうしても目先の業績に目がいきがちです。それはやむをえない部分もあるのだと思います。イノベーションやブランディングの深掘りといわれても、なかなか息長く我慢することができないのです。たとえばデザイン部門が事業部にブランディングの統一をお願いしても、事業部側に「それでは売れないのではないか」と嫌がられてしまうことがあります。また全社ブランド戦略本部が考えるパナソニックのブランディングと、デザイン部門が商品開発の現場から積み上げたブランディングも、少し違いがあります。このような難しい状況になった場合、表層的な説得だけではダメで、やはり根本的な部分から、考え方を束ね直すことが重要だと思っています。

鷲田　具体的にはどのような方法を試しているのですか。

臼井氏　まずは「デザイン経営」のエッセンスを、創業者である松下幸之助の言葉に言い換えて説明してみると、多くの社員が自分のこととして捉えてくれるようになります。たとえば「日に新た」（毎日同じことの繰り返しではなく、何か新しいことに挑戦しないと自分が成長しない、という意味）、そして「お客様第一」という社内共通の文脈で「デザイン経営」を説明すると、「岩盤層」の人たちも耳を傾けてくれるようになります。興味深いことに、そのような方法でUXデザインの追求に取り組んでもらうと、今まで通りの方法で今までと大差ない商品をつくった経験しかなかった人たちも、創業者の教えにはじめて具体的に触れて実践できたという実感を持つことができる、つまりじつはEX（employee experience，従業員経験の価値向上という意味）の追求にもなるのです。このようにUXとEXは、じつはとても親和性が高いという事実は、大きな発見でした。

また、「岩盤層」の人たちを対象に、デザイナーたちと一緒に公開の「デザイン思考」ワークショップを実施するのも効果的です。その際、事業領域もあえて横断型でワークショップを設定するのです。最初は嫌がられましたが、何度か実施していると、事業部の現場のリーダー同士がしっかり議論をしてくれるようになってきました。そしてそこで生まれたアイデアを一気にプロトタイピングし、そこからデザイナーが手助けするように介入すると、うまく進むケースが見られました。

鷲田　京都に素敵なデザインセンターをつくりましたね。

臼井氏　経営層に対して、ものをいえる人がどこにいるべきか、という視点です。インハウスデザイナーのほうがしっかり意見できるのか、それとも外部のデザイナーのほうがむしろ意見しやすいのか。パナソニックのデザイン本部は京都に移ることで、経営層とちょうどいい距離感を生み出すことができていると思っています。以前に比べれば、いろいろなことができるようになってきましたので、あとは実践するのみです。

（二〇二一年三月三一日、東京―京都リモート取材）

日本のデザイン経営キーパーソン　その4

アートディレクター／クリエイティブディレクター
株式会社ＨＡＫＵＨＯＤＯ ＤＥＳＩＧＮ
代表取締役社長
多摩美術大学教授

永井一史氏
NAGAI Kazufumi

多摩美術大学卒業後、博報堂に入社。二〇〇三年、デザインによるブランディングの会社ＨＡＫＵＨＯＤＯ ＤＥＳＩＧＮを設立。さまざまな企業・行政の経営改革支援や、事業、商品・サービスのブランディング、ＶＩデザイン、プロジェクトデザインを手がけている。

クリエイティブは新事業創造へ

永井氏　私は、博報堂に入社した後、二〇〇三年にＨＡＫＵＨＯＤＯ ＤＥＳＩＧＮというブランディングの会社を立ち上げ、現在もそこで代表をしています。博報堂はもともと「生活者発想」をベースに、マーケティングとクリエイティブの掛け算を軸足にして、業務を行ってきました。近年はその業務領域が大きく変わってきています。それは、メインの広告コミュニケーションが、以前のマスメディア中心から、ネットメディアやリアル体験も含めたあらゆるタッチポイントが重視されるようになってきたからです。その中で、博報堂のクリエイターの仕事は、以前から表現だけでなくマーケティング領域までをその守備範囲にしてきましたが、今では事業や経営の上流工程など縦軸にも拡がってきています。

鷲田　経済産業省・特許庁の「『デザイン経営』宣言」では、イノベーションとブランディングに焦点が当たっていますが、その点についてはいかがでしょうか。

永井氏　博報堂では、会社全体の方向性を決めていくブランディングの仕事はもとより、企業の中だけでは生まれない、別解やイノベーションも期待されている状況が増えていて、サービス開発や事業領域にも拡がっています。そのような状況は、世界でも同じです。変化の激しい時代において、クリエイティビティが求められる領域が拡大しているのがその理由です。ただ、クリエイティビティの重要性の認識は、海外のほうが進んでいると思います。「『デザイン経営』宣言」で前提となっていた課題意識もそうですが、日本における経営レイヤーでの認識は、まだまだですね。その辺に関しては、デザイン経営などの考え方が広まることで、状況が変わっていってほしいと思いますが。

鷲田　日本のクリエイティブ人材はどのような方向に向かっていくのでしょうか。

永井氏　クリエイティブとしてかかわる領域の拡大とともに、それぞれ専門的な知識や経験が求められ、職能が細分化していくでしょう。同時にすべてを統合して考えられる、クリエイティブディレクター、企業側からいうとCDO（チーフデザインオフィサー）のような存在はますます重要になっていきます。鳥の目で見つつ、虫の目でも見られるような人材です。必ずしも美大出身のデザイナーだけでなく、他のクリエイティブ職でも、デザイン領域で仕事をしている人たちは増えています。

デザインの重要性はもっと拡がっていくと思います。デザインは、非常に多様で奥行きのある豊かな行為です。決してフレームワークを埋めればよいというようなものではありません。ICTの力はいわば文明の力ですが、それだけではないオルタナティブとしてのデザインの力が役割を増していくと思います。それはいわば文化の力だといえます。文明のレベルは上がっても、かえって発展の淀み、満たされない淀みのようなものが生活者の間で拡大しているように思います。デザインはそのような部分にも光を当てることができると思っています。クリエイティブ視点での新事業構想とはそういうことを意味しています。

（二〇二一年四月一六日、東京都内）

参考文献

Arthur, W. B.（1994）*Increasing Returns and Path Dependence in the Economy*, University of Michigan Press.

Bloch, P. H., Brunel, F. F., and Arnold, T. J.（2003）"Individual differences in the centrality of visual product aesthetics: Concept and measurement," *Journal of Consumer Research*, vol. 29, no. 4, pp. 551-565.

Fleming, J.（1998）*Web Navigation: Designing the User Experience*, O'Reilly.

Lemon, K. N., and Verhoef, P. C.（2016）"Understanding customer experience throughout the customer journey," *Journal of Marketing*, vol. 80, no. 6, pp. 69-96.

Lewis, J. R., and Sauro, J.（2009）"The factor structure of the system usability scale," in M. Kurosu ed., *Human Centered Design: First International Conference, HCD 2009, held as part of HCI International 2009, San Diego, CA, USA, July 19-24, 2009 Proceedings*, Springer, pp. 94-103.

Norman, D. A., and Ortony, A.（2003）"Designers and users: Two perspectives on emotion and design," in Symposium on Foundations of Interaction Design.

Osborn, A. F.（1953）*Applied Imagination: Principles and Procedures of Creative Problem Solving*, Scribner.

Rittel, H. W. J., and Webber, M. M.（1973）"Dilemmas in a general theory of planning," *Policy Sciences*, vol. 4, no. 2, pp. 155-169.

Utterback, J. M., and Suárez, F. F.（1993）"Patterns of industrial evolution, dominant designs, and firms' survival," *Research on Technological Innovation, Management and Policy*, vol. 5, pp. 47-87.

Verganti, R.（2009）*Design-driven Innovation: Changing the Rules of Competition by Radically Innovating What Things Mean*, Harvard Business Press.

アーバン、G. L. ＝ハウザー、J. R. ＝ドラキア、N.／林廣茂・中島望・小川孔輔・山中正彦訳（一九八九）『プロダクトマネジメント――新製品開発のための戦略的マーケティング』プレジデント社。

川喜田二郎（一九七〇）『問題解決学――KJ法ワークブック』講談社。

経済産業省（二〇〇二）「ブランド価値評価研究会報告書」。

経済産業省（二〇一二）「平成二三年度 知的財産権ワーキング・グループ等侵害対策強化事業（クリエイティブ産業に係る知的財産権等の侵害実態調査及び創作環境等の整備のための調査）報告書」。

経済産業省（二〇一七）「第四次産業革命におけるデザイン等のクリエイティブの重要性及び具体的な施策検討に係る調査研究報告書」。

経済産業省（二〇一九）「高度デザイン人材育成の在り方に関する調査研究 報告書」。

経済産業省（二〇二〇）「建築物、内装の意匠が初めて意匠登録されました」（ニュースリリース）。

経済産業省・特許庁（二〇一八）「『デザイン経営』宣言」。

小林央子（二〇一〇）「ASBJ解説 無形資産に関する論点の整理」『旬刊経理情報』第一二四〇号、三〇―三五頁。

情報処理推進機構編（二〇一四）「IT人材白書 二〇一四」。

情報処理推進機構編（二〇二〇）「IT人材白書 二〇二〇」。

総務省・経済産業省（二〇一九）「情報通信業基本調査結果――平成三〇年度 情報通信業基本調査（平成二九年度実績）」。

田浦俊春（二〇一八）『質的イノベーション時代の思考力――科学技術と社会をつなぐデザインとは』勁草書房。

田浦俊春・妻屋彰・山田香織（二〇一八）「イノベーションのためのデザインの新機軸――科学技術と社会をつなぐシンセシスの役割」『マーケティングジャーナル』第三八巻第一号、三八―五五頁。

特許庁（二〇二〇）「特許行政年次報告書 二〇二〇年版」。

永井一史（二〇二一）『これからのデザイン経営――常識や経験が通用しない時代に顧客に必要とされる企業が実践している経営戦略』クロスメディア・パブリッシング。

丹羽清（二〇〇六）『技術経営論』東京大学出版会。

原研哉（二〇〇三）『デザインのデザイン』岩波書店。

原研哉・HOUSE VISION 実行委員会編著（二〇一六）『HOUSE VISION 二――CO-DIVIDUAL 分かれてつながる／離れてあつまる』美術出版社。

樋口孝之（二〇一六）「明治二〇年代の意匠奨励の言説にみられる『意匠』概念――日本におけるデザイン思考・行為をあらわす言語概念の研究（七）」『デザイン学研究』第六二巻第六号、六九-七八頁。

船曳建夫（一九七八）「『西太平洋の遠洋航海者』B. マリノウスキー著、寺田和夫／増田義郎・訳、一九六七、中央公論社『世界の名著五九』所収（オセアニア関係基本文献解題）」『調査研究報告』（学習院大学）第三巻第三二号。

古江晋也（二〇〇三）「ブランド資産計上に関する一考察」『関西大学商学論集』第四八号第五号、一九五-二一六頁。

藪亨（二〇一六）『デザイン史――その歴史、理論、批評』作品社。

由田徹（二〇一二）「デザイン思考の背後に見え隠れするもの」『日本デザイン学会誌デザイン学研究特集号』第二〇巻第一号、五六-五七頁。

鷲田祐一（二〇一四）『デザインがイノベーションを伝える――デザインの力を活かす新しい経営戦略の模索』有斐閣。

鷲田祐一（二〇一六）「ワークショップ型会議での非言語コミュニケーションの特徴分析」『組織科学』第四九巻第四号、一六-二八頁。

事項索引

か行

た行

人名索引

著者紹介

鷲田 祐一（わしだ・ゆういち）

一橋大学大学院経営管理研究科教授

1968年，福井県生まれ。1991年，一橋大学商学部卒業。同年，（株）博報堂入社，マーケティングプラナーとなる。同社生活総合研究所，研究開発局，イノベーション・ラボにおいて，消費者研究，技術普及研究に従事。2003〜2004年，マサチューセッツ工科大学メディア比較学科へ研究留学。2008年，東京大学大学院総合文化研究科博士後期課程修了，博士（学術）。2011年，一橋大学大学院商学研究科准教授，2015年，同教授。2018年より現職。2020年より一橋大学データ・デザイン研究センター長を兼務。

専攻　技術普及論，イノベーション研究，グローバルマーケティング

主要著作　『デザインがイノベーションを伝える』（有斐閣，2014年）；『イノベーションの誤解』（日本経済新聞出版社，2015年）；『未来洞察のための思考法』（編著，勁草書房，2016年）ほか

デザイン経営

Management by Design

2021年12月25日　初版第1刷発行

著　者　鷲田祐一

発行者　江草貞治

発行所　株式会社　有　斐　閣

郵便番号 101-0051

東京都千代田区神田神保町 2-17

http://www.yuhikaku.co.jp/

印　刷　萩原印刷株式会社

製　本　牧製本印刷株式会社

ISBN 978-4-641-16592-2